이화유치원
교육과정 운영의 실제

만 5세 ❾ 우리나라

이화유치원

교육과정 운영의 실제

만 **5**세

9 우리나라

이화여자대학교 사범대학 부속이화유치원

(주)교 문 사

머리말

올해로 97년의 오랜 역사와 전통을 자랑하는 이화유치원은 우리나라에서뿐만 아니라 전 세계에서 탁월한 유아교육을 실행하는 유치원으로 높이 평가받고 있습니다. 이화유치원은 이에 긍지와 자부심, 책임감을 가지고 있으며, 무한한 가능성을 가진 유아들이 바르고, 착하고, 아름답게 자랄 수 있도록 최적의 교육환경과 교육과정을 제공하기 위해 항상 노력하고 있습니다. 더 나아가 미래사회를 책임질 유아들의 건강한 성장과 발달을 위해 끊임없이 새로운 프로그램을 개발하고, 유아교육의 질을 제고하기 위한 연구를 지속하여 유아교육 발전을 선도해 가고 있습니다.

유아의 성장 및 발달에 적합한 환경과 교육과정으로 질 높은 유아교육을 충실히 실행하는 것이 이화유치원의 중요한 사명 중 하나라면 또 다른 중요한 사명은 유아의 발달 및 유치원 교육과정, 교수방법, 교육환경 등에 관한 연구를 수행하고 그 결과를 출판하여 보급하는 것입니다. 이에 따라 이 책 『이화유치원 만 3, 4, 5세 교육과정 운영의 실제』는 이화유치원의 중요한 사명을 성공적으로 완수해 낸 결과물인 것입니다.

이화여자대학교 사범대학 부속이화유치원에서 1992년과 1995년 두 번에 걸쳐 『만 3, 4, 5세 어린이를 위한 유치원 교육과정 운영의 실제』를 출판한 지 어느덧 16년이 지났습니다. 2004년에 이화유치원 창립 90주년 기념행사를 성황리에 개최한 이후 새로운 『만 3, 4, 5세 유아를 위한 이화유치원 교육과정 운영의 실제』를 출판하기 위한 준비 및 집필 작업을 계속해 왔고 드디어 2011년에 출판하게 됨을 매우 기쁘게 생각합니다.

『이화유치원 만 5세 교육과정 운영의 실제』의 1학기 생활주제는 「즐거운 유치원」, 「나」, 「봄」, 「가족」, 「동물」, 「동네와 지역사회」, 「여름」이고, 2학기 생활주제는 「교통기관」, 「우리나라」, 「환경보호와 소비생활」, 「가을」, 「겨울」, 「유치원 졸업과 초등학교 입학」입니다. 기존 만 5세 교육과정 운영의 실제에서 제시한 생활주제 중 「세계 여러 나라」의 교육 내용을 각 생활주제로 나누어 삽입했고, 「즐거웠던 여름방학」을 「여름」으로 통합했습니다. 그리고 「교통기관」

과 「환경보호와 소비생활」을 새로운 생활주제로 추가했습니다.

『이화유치원 만 5세 교육과정 운영의 실제』는 동일하게 3개의 장으로 구성되어 있습니다. 1장에서는 각 생활주제 선정의 의의와 교육 목표를 소개했습니다. 생활주제에서 다루어야 할 학습 내용을 2~5개의 주제로 구분하고, 주제별로 교육 목표와 내용을 설명했습니다. 2장에서는 교육환경에 대해 소개했습니다. 원내와 교실의 흥미 영역을 교육 내용에 적합하게 구성하는 방법을 설명했고, 사진을 실례로 소개했습니다. 3장에서는 생활주제에 적합한 교육활동을 주제별로 소개했습니다. 교육활동의 전개 방법에서는 유아들이 흥미를 가지고 능동적으로 참여하여 교육 내용을 이해하고 학습할 수 있도록 하기 위해 교사가 만 5세 유아들의 발달 수준, 지식, 경험 등에 적합한 교육적 대화를 어떻게 나누는지를 소개하는 데 중점을 두었습니다. 이 책에 수록된 교육활동을 현장에서 실시할 때 도움이 되도록 교사의 질문 및 언어적 상호작용을 구체적으로 자세하게 기술하였고, 내용을 쉽게 이해할 수 있도록 사진 및 삽화를 수록했습니다. 활동 시 참고할 사항을 Tip으로 제시했고 유의점에 주의해야 할 사항을 설명했습니다. 또한 확장활동 및 관련활동을 제시하여 교육활동들 간의 연계성을 강조했습니다. 부록에는 주간교육계획안과 일일교육계획안의 예시를 수록하여 실제 교육계획안 수립 시 참고할 수 있도록 했습니다.

이화유치원에서는 교육과정의 학습경험 설정 및 효과적 조직에서 요구되는 세 가지 준거─계속성(continuity), 계열성(sequence), 통합성(integraty)─를 갖추고자 지속적인 연구와 노력을 거듭하고 있습니다. 이 책에서는 만 3, 4, 5세 교육과정 간 계속성, 계열성, 통합성에 초점을 맞추어 연구·개발된 새로운 생활주제, 주제 및 교육활동들을 소개했습니다. 또한 본 유치원에서 지난 10여 년간 실행해 온 각종 연구들─기본생활습관교육, 소비자교육, 극놀이, 요리활동, 종일반 프로그램, 수학교육, 리더십교육, 언어교육, 동작교육, 문학교육, 전통문화예술교육─을 통해 새롭게 개발된 생활주제, 주제 및 교육활동들을 이 책에 소개했습니다. 기존 『만

5세 어린이를 위한 유치원 교육과정 운영의 실제』에 수록되었던 활동들의 경우, 최근 유아들의 발달적 특성, 요구, 흥미에 적합하게 또한 시대적 변화와 요구에 부응할 수 있도록 수정·보완해서 소개했습니다.

그동안 이 책이 출판될 수 있도록 도와주신 여러 분들께 머리 숙여 감사를 드립니다. 먼저 『이화유치원 만 5세 교육과정 운영의 실제』를 함께 집필해 주신 이화유치원 전·현직 교사들—오지영, 강경미, 곽진이, 김혜전, 이누리, 전우용—께 감사를 드립니다. 유아교육 발전을 위한 이화유치원의 사명을 완수하기 위해 지난 몇 년간 주말이나 공휴일은 물론이고 방학에도 쉬지 못하면서 이 책의 집필 과정에 참여해 주신 여러 분들의 헌신적 노력은 유아교육의 역사에서 오래 기억될 것입니다. 이 책의 집필 과정에서 여러모로 도움을 주신 이화유치원 전·현직 교사들—최수연, 강지영, 최지은, 정은화, 박보람—께도 깊은 감사를 드립니다. 또한 이 책을 출판해 주신 (주)교문사 류제동 사장님, 정용섭 부장님을 비롯한 직원 여러 분들께도 진심으로 감사를 드립니다.

끝으로 이 책이 출판될 수 있도록 간접적으로 도와주신 분들께도 감사를 드립니다. 그동안 유아교육을 공부하는 학부생 및 대학원생, 유아교사, 유아교육학자, 유아교육 전문가 및 행정가, 심지어 학부모들께서도 이 책이 언제 출판되는지를 문의하고 출판을 서둘러 주기를 부탁하셨습니다. 『이화유치원 만 3, 4, 5세 교육과정 운영의 실제』를 하루 빨리 출판해 달라는 많은 분들의 요청이 저희들에게 든든한 힘과 격려가 되어 주었기에 이 자리를 빌려 감사의 마음을 전하며, 여러분들께서 기대하신 만큼 큰 도움 받으시기를 바랍니다.

2011년 7월 25일

집필진 대표 홍용희

차 례

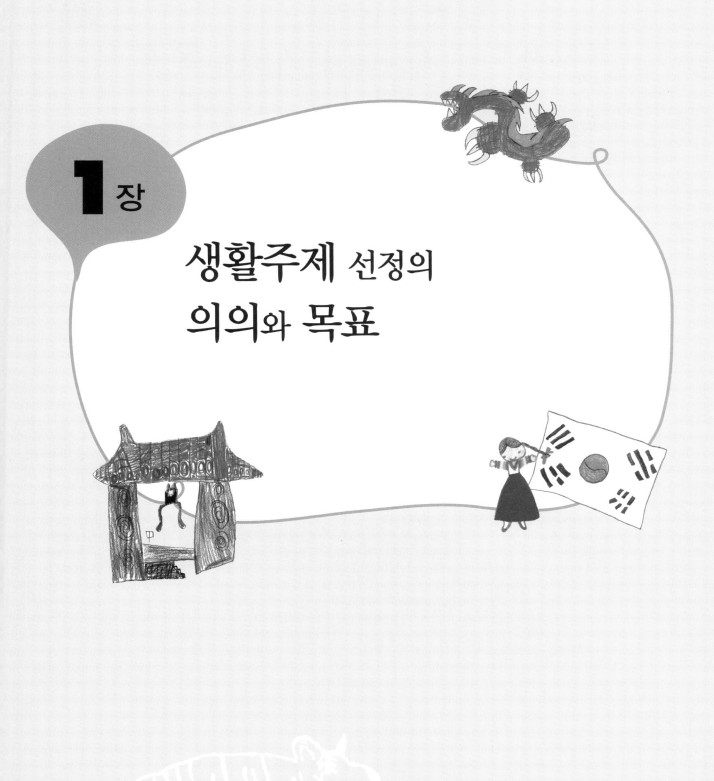

1장

생활주제 선정의 의의와 목표

생활주제 선정의 의의와 목표

1장

1. 생활주제 선정

유아들이 우리나라를 사랑하고 우리의 전통문화를 소중히 생각하며 이를 계승·발전시키려는 태도와 능력을 기르게 하기 위해 '우리나라' 생활주제가 선정되었다. '우리나라' 생활주제를 통해 유아들이 조상들의 의식주 생활을 비롯한 전통문화, 문화유산 등에 관심을 갖고 이를 학습할 수 있도록 한다. 또한 전통예술과 전통놀이를 경험해 보고 즐기는 가운데 우리 문화의 아름다움을 느끼고 조상의 슬기와 지혜를 이어받아 생활 속에서 우리의 것을 사랑하며 발전시켜 나가려는 마음을 갖도록 하는 데에 '우리나라' 생활주제 선정의 의의를 둔다.

2. 주제 및 목표 선정

'우리나라' 생활주제는 '의식주 생활', '전통놀이', '전통예술', '상징,' '문화유산' 으로 구성되었다.

생활주제	주 제
우리나라	의식주 생활
	전통놀이
	전통예술
	상징
	문화유산

각 주제별 교육 목표 및 교육 내용은 다음과 같다.

주제	분류	목표 및 내용
1. 의식주 생활	교육 목표	• 옛날부터 전해 내려오는 전통적인 의식주 생활이 있음을 안다. • 전통 의식주 생활에 관심을 갖는다. • 명절과 생활 풍습에 관심을 갖는다. • 전통문화를 오늘의 생활 속에서 이어가는 태도를 갖는다.
	교육 내용	유아들이 우리나라 고유의 의식주 생활과 다양한 풍속에 대하여 관심을 갖고 현재의 생활과 비교하여 생각해 봄으로써 옛날 사람들의 생활 모습을 이해할 수 있도록 한다. 특히 명절이나 절기와 같은 특별한 날의 생활 풍습에 대해 배우며 옛 조상들의 삶의 양식에 담긴 지혜와 슬기를 느끼고 이를 앞으로도 계승하고 발전시켜 나가는 태도를 가지도록 한다.
2. 전통놀이	교육 목표	• 옛날부터 전해 내려오는 전통놀이가 있음을 안다. • 다양한 종류의 전통놀이에 관심을 갖는다. • 다양한 종류의 전통놀이 방법을 알고 생활 속에서 즐겨 한다.
	교육 내용	유아들이 투호, 사방치기, 제기차기 등 다양한 전통놀이에 대해 알고 생활 속에서 놀이를 체험해보도록 한다. 전통놀이를 하면서 흥겨움을 느끼고 전통문화를 친숙히 여기는 마음을 가질 수 있도록 한다. 또한 이화가족 가을놀이마당과 같은 행사에서 가족과 함께 다양한 전통놀이를 할 수 있는 기회를 마련함으로써 전통놀이를 일상생활 속에서 즐기는 태도를 기르게 한다.
3. 전통예술	교육 목표	• 옛날부터 전해 내려오는 전통예술이 있음을 안다. • 다양한 종류의 전통예술에 관심을 갖는다. • 전통예술의 아름다움을 느낀다. • 전통예술에 친숙함을 느낀다. • 전통예술을 소중히 여긴다.
	교육 내용	유아들이 탈춤, 국악, 민화 등 다양한 전통예술을 경험함으로써 전통예술의 아름다움을 느낄 수 있도록 한다. 색동과 같이 일상에서 쉽게 찾아볼 수 있는 전통문화를 주제로 교육 내용을 심화한다. 유아들이 색동의 의미를 알고, 아름다움을 느끼며 다양한 방법으로 색동을 표현함으로써 전통예술을 계승하고 재창조할 수 있는 능력과 태도를 기르게 한다.
4. 상징	교육 목표	• 우리나라를 상징하는 것들(예 : 태극기, 애국가, 국민의례, 무궁화, 한글 등)에 대해 안다. • 우리나라를 상징하는 것들에 담긴 정신을 이해한다. • 국기와 국가에 대한 예절이 있음을 알고 지킨다. • 우리나라 고유의 글자가 있음을 안다. • 우리나라를 상징하는 것들을 소중하게 다룬다.
	교육 내용	유아들이 태극기, 애국가, 국민의례, 무궁화, 한글 등 우리나라를 상징하는 것들에 대해 학습하도록 교육 내용을 구성한다. 태극기에 담긴 정신을 이해하고, 국민의례를 하거나 애국가를 부를 때 바른 태도를 지니며 한글의 우수성을 알고 소중히 여기는 등 우리나라를 상징하는 것들을 대할 때 가져야 할 마음가짐과 태도에 대해서도 학습하게 한다.
5. 문화유산	교육 목표	• 옛날부터 전해 내려오는 훌륭한 물건, 생활양식 등이 있음을 안다. • 문화유산에 담긴 조상님의 슬기와 지혜를 안다. • 문화유산의 우수성과 가치를 이해한다. • 문화재를 소중하게 생각한다
	교육 내용	유아들이 대대로 전승해야 할 문화유산에 대해 관심과 자부심을 가질 수 있는 교육 내용을 구성한다. 우리나라의 대표적인 문화재나 유치원 혹은 내 동네 주변의 문화재를 탐구하는 활동을 통해 문화유산에 담긴 조상님의 슬기와 지혜를 알게 한다. 나아가 문화유산의 가치를 알고 이를 후대에 물려주어야 할 책임감을 가지도록 한다.

2장

환경 구성

2장

환경 구성

1. 실내 환경 : 현관, 복도

1) 게시판

현관게시판은 '우리나라' 생활주제가 실시되는 달의 각종 교육 활동과 이와 관련된 안내사항을 게시한다. 이화가족 가을놀이마당, 송편 빚기 등의 교육 활동을 소개하고 추석, 개천절 등의 명절 및 공휴일을 안내한다. 유아들의 작품을 활용하여 추석 명절을 주제로 달 밝은 밤 한복을 입은 사람들이 강강술래를 하는 장면으로 게시판을 꾸민다. 또한 급·간식 식재료의 원산지를 매일 게시한다.

9월 유치원 현관게시판

2) 복도 벽면

복도에 우리나라의 전통물건(예 : 한복, 복주머니, 꽃신, 고무신, 나막신, 갓, 복조리, 체, 붓, 벼루, 연적 등)을 전시하고 벽면에 관련 자료를 게시한다. 각 학급 유아들이 가정에서 소장하고 있는 우리나라 전통물건을 유치원에 가지고 온 경우 학급에서 소개한 후 복도에 전시하여 전원아가 함께 감상하도록 한다.

우리나라 물건 전시

또한 생활주제를 전개하면서 실시한 이화가족 가을놀이마당, 팔복동산 등산, 박물관 현장학습과 같은 유치원 교육활동 사진을 게시하여 유아들이 친구들과의 경험을 회상하게 한다. 우리나라의 고유 명절인 '추석'에 대해 각 학급 유아들이 조사한 내용(예: 음식, 놀이, 풍습 등)을 복도 벽면에 함께 전시하여 다른 학급 유아들과 추석에 대한 정보를 공유할 수 있도록 한다.

추석에 대해 조사한 내용과 관련활동 사진

3) 복도 영역

복도 영역에는 유아들이 실내에서 즐길 수 있는 전통놀이(예: 공기놀이, 윷놀이 등)를 준비하여 여러 학급 유아들이 어울려 놀이할 수 있도록 한다. 바닥에는 카펫을 깔아 소음을 줄이고, 유아들이 편안한 분위기에서 놀이하도록 한다. 복도 영역의 벽면에는 놀이 방법과 유래에 대한 자료를 게시한다.

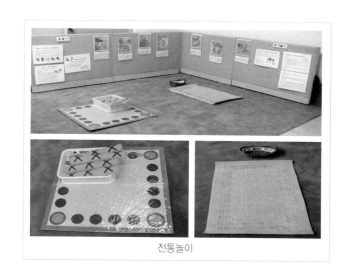

전통놀이

2. 실내 환경 : 교실

- 생활주제 : 우리나라
- ○○○반 흥미 영역 배치도

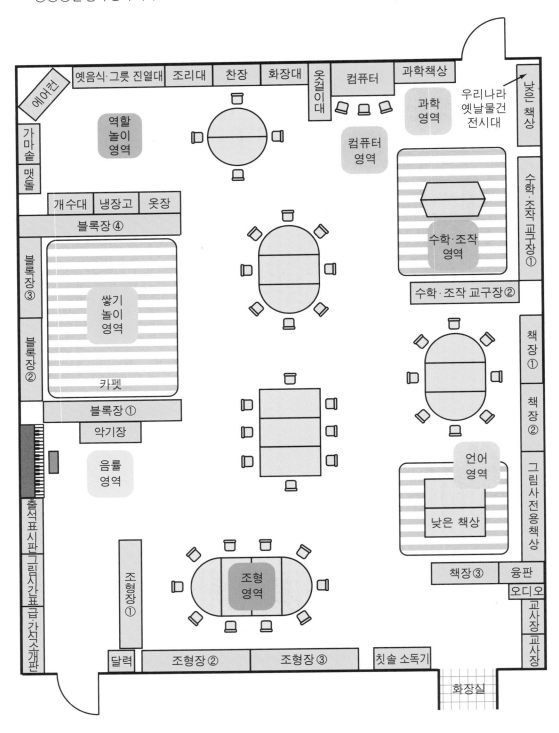

1) 교실 벽면

(1) 출석 표시판

유아들이 색한지를 붙여 만든 조각보나 공판화 기법을 활용한 색동, 한지에 붓펜으로 그린 그림 등 다양한 조형 작품을 출석 표시판으로 활용한다. 유아들이 놀이 표시를 걸거나 넣기에 알맞은 크기로 작품을 확대 및 축소 복사하여 사용한다.

색동 조각보 작품으로 만든 출석 표시판

붓펜 그림 작품으로 만든 출석 표시판

(2) 벽면 전시

교실 벽면에는 청사초롱, 단청무늬, 한복 천 콜라주 등 유아들이 만든 작품을 전시한다. 유아들이 전통문화나 우리나라 고유의 명절과 관련하여 가정에서 조사해 온 자료, 교사와 유아들이 함께 조사한 것을 게시한다.

한복 천 콜라주 작품

한복에 대한 조사

2) 흥미 영역

(1) 언어 영역

① 읽기 영역

우리나라의 전통 의식주 생활에 관한 이야기를 담은 책, 추석과 달의 변화에 대한 책을 언어 영역 책장에 비치한다. 유아들이 현장학습을 다녀온 장소에 관한 브로슈어 등도 함께 제공한다. 벽면에는 생활주제와 관련하여 배운 동시 자료(예: 태극선 등) 유아들이 창작한 동시(예: 색동 주제로 동시 짓기 등) 등을 게시한다.

언어 영역 전경

② 쓰기 영역

우리나라의 전통물건, 전통의복, 전통음식, 민속놀이와 관련된 단어와 글자의 형태를 익힐 수 있는 쓰기 자료를 제시한다. 유아들이 그림사전을 만들 때 참고할 수 있도록 글자카드를 벽면에 게시한다. 유아들이 정확한 획순을 알 수 있도록 글자의 각 획 옆에 획순을 기입한다.

쓰기 영역 전경

③ 말하기 영역

　테이블 동화 자료(예: 나무꾼과 호랑이, 원숭이의 색동저고리 등)를 인형극장과 함께 말하기 영역에 제공하여 유아들이 동화를 회상하면서 인형극 놀이를 할 수 있게 한다.

'나무꾼과 호랑이' 인형극 놀이

(2) 쌓기 놀이 영역

　유아들이 우리나라 전통건축물(예: 숭례문, 첨성대, 경복궁 등)을 만들어 볼 수 있도록 기존의 종이벽돌블록에 단청블록과 색동블록을 첨가한다. 교사는 유아들이 만든 건축물을 지속적으로 보수·보완하고 놀이를 확장할 수 있도록 쌓기 놀이 영역 공간을 넓게 확보한다. 쌓기 놀이 영역 벽면에는 전통건축물 화보와 기와, 단청과 관련된 화보 등을 게시한다.

단청블록과 색동블록

(3) 역할 놀이 영역

　유아들이 전통물건을 활용하여 놀이할 수 있도록 역할 놀이 영역을 구성한다. 한복, 두루마기, 마고자, 조끼, 갓, 고무신, 짚신, 나막신, 복주머니, 족두리, 노리개, 참빗 등의 전통의복과 소품을 제공한다. 부엌에서 사용하는 물건으로 절구와 절구공이, 맷돌, 표주박, 체, 키, 광주리, 목기 그릇과 대접, 소반 등을 준비하고, 종이상자와 종이벽돌블록 등으로 아궁이를 만들어 역할 놀이 영역을 전통부엌으로 구성한다. 놀이 평가를 통해 추가로 결정된 소품을 유아들과 함께 준비하여 역할 놀이 영역을 완성해 나간다.

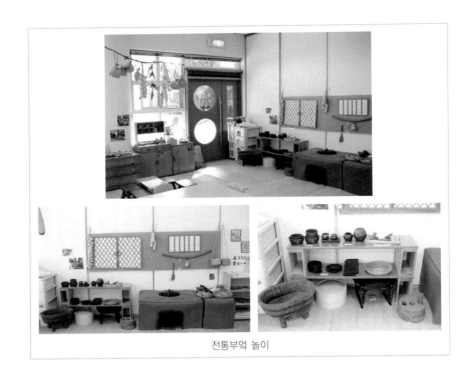

전통부엌 놀이

유아들이 장터 음식점 놀이를 할 수 있도록 역할 놀이 영역을 구성한다. 놀이에 필요한 음식(예: 헝겊으로 만든 시루떡, 바람떡, 백설기, 화전, 송편, 가래떡, 파전, 국수, 고명 등)과 식기류(예: 그릇, 체반, 수저 등)를 유아들과 선반 위에 배치하며 장터를 만든다.

장터 음식점 놀이

(4) 수학·조작 영역

우리나라의 의식주와 관련된 옛날 사람들의 생활 모습 조각그림 맞추기, 색동저고리 완성하기, 조각보 구성하기, 윷놀이, 칠교놀이 등 유아의 사고력을 발달시킬 수 있는 개인용 조작 교구를 중심으로 수학·조작 영역을 구성한다.

수학·조작 영역 교구장

(5) 과학 영역

과학 영역 벽면에 유아들이 인터넷을 통해 검색한 우리나라 문화재(예: 측우기, 해시계, 물시계, 인쇄활자 등) 사진을 출력하여 게시하고, 문화재 모형이 있는 경우에는 이를 함께 전시한다. 또한 추석과 관련하여 달의 변화 모습이 담긴 화보, 유아들이 추석을 지내는 동안 관찰하고 작성한 달 모양 변화 기록지 등을 벽면에 게시한다. 유아들의 관심과 흥미에 따라 관련 과학 도서를 함께 비치한다.

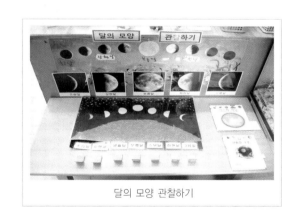
달의 모양 관찰하기

(6) 조형 영역

유아들이 수묵화 느낌의 그림을 그려 볼 수 있도록 한지, 화선지, 붓펜 등을 조형 영역에 비치한다. 또한 전통문양이 그려진 모루도장, 고무도장과 물감 등을 제공하여 유아들이 다양한 전통문양 패턴을 만들어 볼 수 있도록 한다. 색동이나 태극기 모양 공판화를 할 수 있도록 공판화판과 물감, 물감 접시, 스펀지 붓, 신문지와 건조대를 준비한다. 벽면에는 한지를 만드는 과정을 소개하는 자료나 옛날 사람들의 생활 모습을 담은 민화, 유아들이 만든 작품(예: 색동 판화, 태극기 판화, 탈, 청사초롱, 조각보 등)을 게시한다.

'태극기 모양 공판화 찍기' 작업 준비

(7) 음률 영역

장구, 북, 소고, 목탁, 풍경 등의 국악기를 음률 영역에 비치한다. 전통물건을 활용하여 만든 악기(예: 주걱으로 만든 케스터네츠, 조롱박으로 만든 마라카스, 키에 방울을 매달아 만든 방울악기 등)도 함께 제시한다. 유아들이 전통음악을 감상할 수 있도록 음악 자료(예: 아리랑, 경복궁 타령, 대취타 등)와 카세트테이프 플레이어(CD 플레이어), 헤드폰 등을 제공한다. 벽면에는 국악기 사진이나 연주 화보를 게시한다.

음률 영역 전경

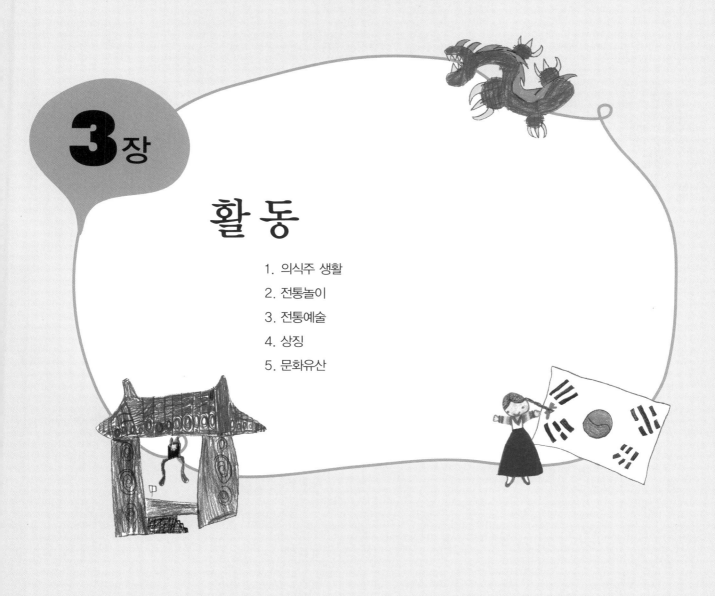

3장 활동

★ 주제별 활동 목록

구 분		의식주 생활	전통놀이	전통예술	상징	문화유산
자유 선택 활동	쌓기 놀이 영역	전통가옥 만들기				첨성대 쌓기
	역할 놀이 영역	장터 음식점 놀이		색동박물관 놀이		
	언어 영역				글자 바르게 쓰는 순서	
	수학 · 조작 영역	문살 만들기	딱지카드 기억 게임			
	조형 영역	한복 꾸미기 청사초롱 만들기	제기 만들기 이화가족 가을놀이마당 포스터 만들기	색동 공판화 먹물 그림	태극기 공판화 문자도 만들기	
	음률 영역					아리랑 음악감상
	실외 영역		판제기 치기			
대소 집단 활동	이야기 나누기	우리나라의 옷 우리나라의 음식 옛날 물건과 오늘날 물건 추석 I - 추석의 의미 추석 II - 추석의 풍속	이화가족 가을놀이마당	색동 민화 감상하기 여러 가지 국악기 - 타악기 여러 가지 국악기 - 관악기 여러 가지 국악기 - 현악기	우리나라를 나타내는 것들 - 태극기 우리나라를 나타내는 것들 - 국민의례 우리나라를 나타내는 것들 - 무궁화	우리나라의 자랑거리 - 경복궁 우리나라의 자랑거리 - 첨성대
	동화 · 동극 · 동시		나무꾼과 호랑이(동극)	색동 주제로 동시 짓기(동시) 원숭이의 색동저고리(동극)	태극선(동시)	경복궁(동화)
	노래 · 음악 감상 · 악기 연주	건져드릴까(노래) 송편(노래) 시루떡(노래) 별달거리(노래)		사물악기(악기연주)	애국가(노래)	
	율동	풍물놀이	강강술래 한삼춤			
	신체	산을 넘고 조롱박으로 물(공) 떠 옮기기(게임)	투호(게임) 사방치기판 건너 판제기 치고 돌아오기(게임) 다리세기(게임) 그림보고 한삼으로 동작 표현하기(체육)		몸으로 글자 만들기(체육)	
	수학				자음 · 모음 분류하기	
	과학	송편 빚기 달 모양 관찰하기	무말랭이 무침			오미자액 만들기
	사회	개천절			한글날	박물관 현장학습

※ 본 교재에 수록된 활동은 만 5세 '우리나라' 생활주제에서 실시하고 있는 교육활동 중 일부만 소개된 것입니다.

1. 의식주 생활

우리나라의 옷

집단형태
대집단활동

활동유형
이야기나누기

활동자료
어린이용 남녀 한복, 다양한 한복 사진 자료(예: 민복, 예복, 궁중의상 등)

TIP 1 추석 전후로 유치원에 한복 입고 오는 주간을 정하여 유아들이 우리나라 전통옷인 한복을 입어 보도록 권한다. 본 활동은 한복을 입고 온 첫날에 실시한다.

TIP 2 한복을 입은 유아를 앞으로 나오게 하여 각 부분을 살펴보거나 한복을 입지 않은 유아 중 한복을 입어 보고 싶은 유아를 나오게 하여 옷을 입혀 가면서 이야기를 나눈다.

활동목표
■ 한복 각 부분의 생김새와 명칭을 안다.
■ 한복의 아름다움을 알고 관심을 갖는다.

활동방법
○ 한복을 입고 유치원에 온 날 한복을 입은 느낌을 이야기 나눈다. **TIP 1**
　■ 오늘은 무엇을 입고 유치원에 왔나요?
　　• 한복
　■ 한복은 어떤 옷인가요?
　　• 우리나라 옛날 사람들이 입었던 옷이다.
　■ 한복을 입은 느낌이 어떤가요?
　■ 언제 한복을 입어 봤나요?
　　• 설날, 추석
○ 한복을 입고 온 유아들 중에서 남자와 여자 한 명씩 앞으로 나오게 하여 남자 한복과 여자 한복의 다른 점을 알아본다.
　■ 남자 한복과 여자 한복이 어떻게 다른가요?
　　• 여자는 저고리와 치마, 남자는 저고리와 바지를 입는다.
　　• 여자 저고리에는 고름이 있고, 남자 저고리에는 단추가 있다.
　　• 여자 저고리는 남자 저고리보다 길이가 짧다.
○ 여자 한복 각 부분의 모양과 명칭, 입는 방법 등을 알아본다. **TIP 2**
　■ 우리가 항상 속옷을 입는 것처럼 한복을 입을 때에도 속옷을 입어요.
　　• 속바지, 속치마, 속저고리
　■ 한복을 입을 때에는 양말 대신 무엇을 신나요?
　　• 버선
　■ 버선의 모양을 살펴보세요. 어떻게 생겼나요?
　　• 버선 가운데 봉곳이 솟은 부분이 있다. 이 부분을 '버선코'라고 한다. 버선코가 발끝의 가운데 오도록 신는다.
　■ 버선을 신은 후 치마를 입어요. 치마는 어떻게 입는 것일까요?
　　• 치마의 어깨끈 안으로 팔을 넣은 후에 치마를 두른다.

- 치마끈을 가슴에 둘러 묶는다.
  - 치마를 입은 후에는 무엇을 입나요?
    - 저고리
  - 저고리의 모습을 살펴봅시다. 소매(팔) 부분이 어떻게 생겼나요?
    - 소매의 밑 선이 둥그런(곡선) 모양이다.
  - 저고리의 앞섶이 열리지 않도록 하기 위해 저고리 양쪽에 달려 있는 끈을 묶어 고정해요. 이 끈을 '고름' 이라고 해요.
  - 고름을 매는 방법을 보여줄게요. 선생님이 고름 매는 것을 보도록 해요.
  - 외출을 할 때, 외투와 같이 겉에 입는 옷이 있어요. '두루마기' 라고 해요.
- ○ 남자 한복 각 부분의 모양과 명칭, 입는 방법 등을 알아본다. **Ⓣ ɪᴘ 2**
  - 남자들이 입는 한복 바지에요. 어떻게 생겼나요?
    - 바지 폭이 넓다.
    - 단추나 지퍼 대신 끈으로 허리춤을 고정한다.
    - 바지 끝을 접은 후 '대님' 이라는 끈으로 묶어 발목에 고정한다.
  - 바지를 입은 후 무엇을 입나요?
    - 저고리
  - 남자 저고리와 여자 저고리는 어떤 점이 다른가요?
    - 여자 저고리에는 고름이 있고 남자 저고리에는 단추가 있다.
    - 남자 저고리 길이가 여자 저고리보다 더 길다.
  - 남자들은 저고리 위에 조끼같이 생긴 '배자' 를 입어요.
  - 외출을 할 때는, 외투와 같은 역할을 하는 '두루마기' 를 입어요.
- ○ 다양한 종류의 한복 사진을 보며 각각의 옷차림 특징에 대해 알아본다.
  - 옛날 어린이나 어른들이 평소에 입던 한복이나 특별한 사람들이나 특별한 일이 있을 때 입는 한복을 살펴봅시다.

① 어린이들의 놀이복
- 놀이하기 편하도록 치마 길이가 짧다.
- 치마나 바지 폭이 좁다.

② 민복
- 서민들이 일할 때 입는 옷이다.
- 주로 흰색 바지, 저고리를 입는다.

③ 결혼 예복
- 결혼하는 신랑, 신부가 입는 옷이다.
- 신랑은 푸른색 한복을 입는다. 머리에 사모를 쓰고 허리에 관대를 한다.
- 신부는 한삼이 달린 활옷을 입고 머리에 화관을 쓴다.

④ **궁중 의상**

- 임금님은 황금색 실로 용을 수놓은 빨간색 옷(곤룡포)을 입는다.
- 왕비, 공주들은 저고리 밑이 긴 당의를 입는다.

○ 활동을 마친 후 한복 사진 자료를 교실 벽면에 제시하고 실물 한복을 역할 놀이 영역에 제공하여 유아들이 실내자유선택활동 시간에 탐색하고 직접 착용해볼 수 있게 한다.

관련활동

- 조형 영역 '한복 꾸미기' (21쪽 참고)
- 이야기나누기 '색동' (100쪽 참고)
- 동극 '원숭이의 색동저고리' (107쪽 참고)

활동 2 한복 꾸미기

활동목표

- 한복의 생김새와 명칭을 안다.
- 한복의 아름다움을 알고 관심을 갖는다.

활동방법

○ 한복을 입었던 경험에 대해 이야기를 나눈다.

- 한복을 입어 본 적 있나요?
- ○○○반 어린이들이 입은 한복은 무슨 색깔인가요? 저고리는 무슨 색인가요? 치마(바지)는 무슨 색인가요?
- 한복에 어떤 무늬가 있었나요?
- 종이 인형에 한복을 입혀 봅시다.

○ 한복 꾸미기 방법을 소개한다.

- 한지와 한복 천으로 한복을 꾸며 봅시다.
- (교사가 시범을 보이며) 종이 인형 본을 자보루지(두꺼운 종이)에 대고 연필로 윤곽선을 따라 그리세요.
- 본이 완성되면 선을 따라 가위로 자르세요.
- 한복을 어떤 방법으로 꾸밀 수 있을까요?
  - 저고리와 치마(또는 바지) 크기에 맞도록 한지나 천을 가위로 잘라서 붙인다.
  - 한지를 잘게 찢어서 이어 붙인다.
- 색종이로 색동을 꾸며 보세요.
- 종이 인형에 얼굴을 그려 넣고, 머리카락도 꾸며 주세요. **T**IP

○ 한복을 꾸민다.

관련활동

- 이야기나누기 '우리나라의 옷' (18쪽 참고)
- 이야기나누기 '색동' (100쪽 참고)
- 동극 '원숭이의 색동저고리' (107쪽 참고)

집단형태

자유선택활동

활동유형

조형 영역

활동자료

한복 입은 사람 모양 본, 자보루지 또는 두꺼운 종이(20×15cm), 연필, 가위, 풀, 본드, 본드받침, 한지, 한복 천, 사인펜, 색연필, 한복 실물 및 사진

'한복 꾸미기' 작업 준비

TIP 얼굴 그림을 그리는 대신 유아 얼굴 사진을 붙여 줄 수 있다.

'한복 꾸미기' 작품

활동 3 우리나라의 음식

집단형태

대집단활동

활동유형

이야기나누기

활동자료

우리나라 음식 사진(예: 배추김치, 불고기, 비빔밥, 약과, 유과, 식혜, 수정과 등), 게시판

TIP 1 본 활동은 유아들이 추석을 지내며 우리나라의 전통음식을 먹어 본 경험을 바탕으로 실시하거나 '송편 빚기'와 같이 우리나라 음식을 직접 만들어 본 후 실시하도록 한다.

TIP 2 교사는 유아들이 음식 이름을 말할 때 유아들의 기호를 존중해 주며 다른 유아들도 공감할 수 있도록 음식의 특징을 간단히 설명해 준다. 또한 준비된 음식 사진 자료가 있으면 게시판에 붙여 준다.

TIP 3 원하는 유아가 나와서 음식 사진을 분류해 보도록 한다. 분류한 후에는 어떤 기준으로 나눈 것인지 이유를 들어 보고, 유아들의 다양하고 창의적인 분류 방법을 격려한다.

활동목표

- 우리나라 고유의 음식에 대해 알고 관심을 갖는다.
- 전통문화를 생활 속에서 이어가는 태도를 갖는다.

활동방법 **TIP 1**

○ 유아들이 좋아하는 음식에 대해 이야기를 나눈다. **TIP 2**
- ○○○반 어린이들은 어떤 음식을 좋아하나요?
- 왜 ○○○을 좋아하나요?

○ 유아들이 말한 음식들을 여러 가지 기준으로 나누어 본다. **TIP 3**
- ○○○반 어린이들이 좋아하는 음식들 중에서 짝이 될 수 있는 것끼리 모아서 나누어 봅시다.
- 어떻게 나누었나요?
  - 찬 음식과 더운 음식으로 나누었다.
  - 씹어 먹는 것과 마시는 것으로 나누었다.
  - 우리나라 음식과 다른 나라 음식으로 나누었다.

○ 우리나라 음식의 종류를 살펴본다.
- (음식 사진을 보며) 이 중에서 우리나라 음식은 무엇일까요?
  - 밥, 배추김치, 깍두기, 된장찌개, 떡국, 나물 무침 등

○ 우리나라를 대표하는 음식의 종류와 특징에 대해 이야기 나눈다.
- (우리나라 음식 사진을 보며) ○○을 먹어본 적 있나요?
- ○○는 어떤 맛이었나요?
- ○○는 무엇으로 만들었을까요? 어떻게 만들었을까요?

① 배추김치
- 옛날에는 냉장고가 없었기 때문에 음식이 상하지 않도록 소금과 고춧가루를 사용하여 음식을 만들었다.
- 배추를 소금에 절여서 고춧가루, 젓갈, 파, 마늘 등의 양념으로 버무려서 만든다.
- 항아리에 넣고 오랜 시간이 지나 발효되면 맛이 더 좋다.
- 무, 오이, 파, 양파 등으로 여러 종류의 김치를 만들 수 있다.
- 다른 나라 사람들 중에 김치를 좋아하는 사람이 점점 많아져서 우리나라에서

만든 김치를 다른 나라에 팔기도 한다.

② 비빔밥

■ 밥과 여러 가지 채소와 나물, 고기, 계란, 고추장을 넣어서 섞어 먹는 음식이다.

■ 계절에 따라 비빔밥에 넣는 재료가 달라질 수 있다.

■ 비빔밥에 넣는 재료에서 우리나라 사람들이 즐겨 사용했던 오방색을 찾아 볼 수 있다.

③ 불고기

■ 소고기에 간장, 배즙, 참기름, 설탕 등으로 맛을 낸 양념을 넣어서 배어들게 한다.

■ 양념에 재어둔 쇠고기를 뜨거운 불에 익혀서 먹는다.

■ 우리나라를 대표하는 음식으로 외국 사람들의 입맛에도 잘 맞아서 다른 나라 사람들도 즐겨 먹는다.

■ 옛날 사람들은 간식으로 무엇을 먹었을까요?

• 약과 : 밀가루를 체에 쳐서 곱게 만든 다음 꿀을 넣고 반죽하여 약과 판에 찍어 기름에 튀긴 과자

• 유과 : 찹쌀가루를 반죽하여 기름에 튀긴 후 참깨, 흑임자 등을 입힌 과자

• 식혜 : 쌀밥에 엿기름물을 붓고 따뜻하게 하여 삭힌 후 설탕을 넣어 차게 식힌 음료

• 수정과 : 생강을 달인 물에 설탕이나 꿀을 타서 식힌 후 곶감, 계피가루를 넣어 만드는 음료

확장활동

■ 우리나라 음식 중 좋아하는 음식을 조사해 본다. 결과에 따라 모둠별로 음식에 대해 자세히 알아보고, 가능한 경우 직접 요리해서 먹는다.

관련활동

■ 역할 놀이 영역 '장터 음식점 놀이' (24쪽 참고)

■ 과학 '송편 빚기' (45쪽 참고)

활동 4 장터 음식점 놀이

집단형태
실내자유선택활동

활동유형
역할 놀이 영역

활동자료
옛날 음식 모형(예: 전, 비빔국수, 김치, 한과, 여러 종류의 떡, 수정과, 식혜 등), 쟁반, 소반 혹은 교자상, 돗자리, 아궁이, 가마솥, 짚신

활동목표

■ 시장의 기능과 역할에 대해 알고 옛 시장의 형태에 대해 관심을 갖는다.

■ 우리나라 고유의 음식에 대해 알고 관심을 갖는다.

■ 전통문화에 친숙해지고 관심을 갖는다.

활동방법

| 장터 음식점 놀이 계획하기 |

○ 유아들과 물건을 사 본 경험을 이야기 나누고 장터 놀이를 제안한다.

  ■ 가게에 가 본 적이 있나요? 어떤 가게에 가 보았나요? 무엇을 하였나요?

    • 아이스크림 가게에서 아이스크림을 사먹었다.

    • 옷 가게에서 옷을 샀다.

  ■ 옛날에도 가게가 있었을까요?

    • 옛날에는 사람들이 모여 여러 물건을 사고파는 곳을 '장(장시)' 이라고 했다.

    • 옛날에는 물건을 파는 사람들이 여러 동네를 다니며 장을 열고 물건을 팔았다.

    • 15일, 10일마다 장을 열다가 장을 찾는 사람들이 많아지자 5일마다 열게 되었다. 3일마다 열기도 했다.

    • 장이 열리는 장소를 '장터' 라고 했다.

  ■ 장터에서 어떤 물건을 팔았을까요?

    • 한복을 만들 천, 그릇, 신발, 농사 도구, 소나 돼지, 생선, 음식 등

  ■ 역할 놀이 영역을 옛날 장터처럼 꾸민 후 함께 놀이해 봅시다.

○ 장터 음식점 놀이를 하기 위해 필요한 것들을 준비한다.

  ■ 장터에서 무엇을 파는 놀이를 할까요?

    • 음식점에서 음식을 파는 놀이를 하고 싶다.

  ■ 장터에서 물건을 사고파는 사람에게 밥과 잠잘 곳을 마련해 주는 곳을 '주막' 이라고 해요.

  ■ 주막에서는 따뜻한 고깃국에 밥을 만 '국밥' 을 팔았대요.

  ■ 우리는 어떤 음식을 팔기로 할까요?

    • 된장찌개, 김치찌개, 김치부침개, 여러 종류의 떡 등을 팔고 싶다.

○ 장터 음식점 놀이를 위해 필요한 것들을 준비하고 음식점을 만든다.

| 장터 음식점 놀이하기 |

○ 음식을 파는 사람들의 역할에 대해 이야기 나눈다.

■ (각 종류별로 물건을 파는 곳을 가리키며) 이곳에는 어떤 음식을 파나요?

· 된장찌개, 김치찌개, 김치부침개, 떡 등

■ 음식점에 손님이 오면 어떻게 해야 하나요?

· 어떤 음식을 먹고 싶은지 물어본다.

· 손님이 주문한 음식을 만든다.

■ 된장찌개는 어떻게 만드나요?

· 두부, 호박, 고추 등을 썬다.

· 뚝배기에 물과 두부, 호박, 고추 등을 넣고 끓인다.

· 된장을 푼다.

■ 다 만든 된장찌개는 어떻게 해야 할까요?

· 수저, 밥과 함께 상 위에 올려놓는다.

· 손님에게 상을 가져다준다.

○ 음식을 사먹는 사람들의 역할에 대해 이야기한다.

■ 음식점에서 음식을 먹으려면 어떻게 해야 하나요?

· 주인에게 어떤 음식을 파는지 물어본다.

· 먹고 싶은 음식을 주문한다.

· 주인이 음식을 준비할 때까지 기다린다.

· 음식을 먹은 후 계산한다.

○ 손님과 주인 역할을 맡아 장터 놀이를 한다.

| 장터 음식점 놀이 평가하기 |

○ 놀이를 마친 후 평가를 한다.

■ 장터 음식점 놀이를 어떻게 했는지 이야기해줄 사람 있나요?

■ 놀이를 하면서 더 필요한 물건이 있었나요?

· 손님이 음식 값을 계산할 때 사용할 돈이 필요하다.

· 음식을 만들 때 가마솥과 아궁이가 필요하다.

■ 어떻게 하면 더욱 재미있게 놀이할 수 있을까요?

· 옛날 사람들처럼 한복을 입는다.

· 음식을 사고 팔 때 엽전을 만들어 주고받는다.

· 쌓기 놀이 영역에 옛날 집을 지은 후 쌓기 놀이와 역할 놀이를 연결한다.

○ 놀이 평가 시간에 이야기 나눈 내용을 반영하여 놀이를 한다.

관련활동

■ 이야기나누기 '우리나라의 음식' (22쪽 참고)

■ 쌓기 놀이 영역 '전통가옥 만들기' (26쪽 참고)

장터

장터 놀이를 위해 준비한 소품

음식 만들기

활동 5 전통가옥 만들기

집단형태
자유선택활동

활동유형
쌓기 놀이 영역

활동자료
초가집 사진, 다양한 블록류,
종이상자, 볏짚

활동목표
■ 전통가옥의 종류와 특징을 안다.
■ 전통가옥의 구조에 관심을 갖는다.

활동방법

| 놀이 계획하기 |

○ 집을 만들어 놀이하는 유아들에게 교사가 전통가옥을 만들어 보자고 제안한다.

■ 무엇을 만들었나요?
  • 집

■ 방은 어디에 있나요? 부엌은 어디에 있나요? 집을 만든 재료는 무엇인가요?

■ 옛날에는 어떤 집들이 있었나요?
  • 초가집, 기와집 등

○ 만들고 싶은 집을 정한 후 계획을 세운다. 다음은 초가집을 만들기의 예이다.

■ 초가집을 만들어 보기로 해요.

■ 초가집을 무엇으로 어떻게 만들까요?
  • 종이벽돌블록으로 벽을 만든다.
  • 볏짚을 종이벽돌블록 위에 덮어서 지붕을 만든다.
  • 박, 마늘, 옥수수, 고추 등 역할 놀이 영역에 있는 것들을 지붕에 올려놓거나 기둥에 걸어 둔다.

■ 초가집을 어디에 만들면 좋을까요?
  • 초가집을 만드는 데에 시간이 오래 걸릴 것이므로 부수지 않은 채로 둘 수 있는 곳에서 며칠에 걸쳐 만든다.
  • 역할 놀이 영역을 초가집으로 만든다.

| 초가집 만들고 평가하기 |

○ 초가집을 만든다.

■ 우리가 계획한대로 초가집을 만들어 봅시다.

○ 놀이 평가 시간에 초가집을 만드는 과정을 평가를 한다.

■ 무엇을 만들었나요?

■ 무엇으로 만들었나요?

초가집

볏짚 묶기

- 초가집을 만들면서 불편한 점이 있었나요?
  - 볏짚들이 서로 연결되지 않은 상태에서 지붕 위에 올려놓으니 조금씩 떨어져서 바닥이 더러워졌다.
- 어떻게 해결할 수 있을까요?
  - 볏짚들을 한 덩이로 묶어 올려놓는다.
  - 놀이를 한 후 정리정돈 시간에 떨어진 볏짚들을 깨끗이 쓴다.

○ 놀이 평가 시간에 이야기 나눈 것을 다음날 방안놀이 시간에 반영하여 초가집을 완성해 나간다.

| 초가집 내부 구성하기 |

○ 초가집이 완성된 후 내부를 꾸미기로 한다.

○ 옛날 집의 내부 모습에 대해 이야기 나눈다.
- 옛날 사람들은 어디서 음식을 만들었을까요? 음식을 어떻게 만들었을까요?
  - 부엌에서 음식을 만들었다. 불을 사용하기 위해 아궁이에 장작을 넣어 불을 지피고 그 위에 가마솥을 올려놓아 음식을 만들었다.
- 부엌 이외에도 쓰임이 다른 방이 여러 개 있었어요.
  - 사랑방 : 손님들이 왔을 때 머무르는 방
  - 곳간 : 물건을 보관하는 방
  - 마루 : 땅보다 높게 널빤지를 깔아놓은 곳

○ 이야기 나눈 것을 반영하여 전통 가옥의 내부를 구성한다.

관련활동

- 이야기나누기 '우리나라의 옷' (18쪽 참고)
- 이야기나누기 '우리나라의 음식' (22쪽 참고)
- 역할 놀이 영역 '장터 음식점 놀이' (24쪽 참고)

초가집 내부 구성하기

초가집 내부

활동 6 문살 만들기

집단형태
자유선택활동 · 대소집단활동

활동유형
수학 · 조작 영역 · 이야기나누기

활동자료
다양한 문살무늬 사진, 다른 종류의 문살무늬가 있는 집 3채, 문살무늬를 완성하는 조각 ⓣIP 1

'문살 만들기' 활동자료

ⓣIP 1 두꺼운 종이를 문살 모양대로 오리고 밀가루풀로 갈색 한지를 붙이면 나무 문살 느낌이 든다.

ⓣIP 2 문살무늬의 이름을 소개해 준다. 이때 무늬의 이름을 강조하기보다는 유아들이 다양한 무늬를 감상하는 데 중점을 둔다.

아자살

활동목표
- 다양한 문살무늬에 관심을 갖는다.
- 문살무늬를 감상하며 아름다움을 느낀다.
- 공간구성 능력을 기른다.
- 눈과 손의 협응력을 기른다.

활동방법
○ 문살의 기능에 대해 이야기하고 다양한 문살무늬를 탐색한다.
- (다양한 문살무늬 사진을 보여주며) 옛날 집의 방문은 어떻게 생겼나요? 어떻게 만들었을까요?
  - 나무로 문짝을 만들고 그 위에 한지를 발랐다.
  - 나무로 여러 가지 무늬를 만들기도 했다.
- 한지를 문에 바르면 바람이 잘 통해서 방의 온도와 습도가 잘 조절되어요.
- 한지는 찢어지기 쉬워요. 한지를 문짝에 바를 때 가늘고 긴 나무 엮은 것을 받쳐서 잘 찢어지지 않게 했어요. 이것을 '문살'이라고 해요. 문살의 무늬를 살펴보세요. 어떤 무늬를 찾을 수 있나요?
  - 크고 작은 네모 모양(완자살, 아자살), 거북이 등 모양(거북살) ⓣIP 2
○ 교구의 구성물을 살펴본다.
- 무엇이 있나요?
  - 집이 3채 있다.
  - 집마다 방문의 문살무늬가 다르다.
  - 문의 한쪽에는 문살이 있고 다른 한 쪽에는 문살이 없다.
  - 3가지 종류의 문살무늬 조각이 접시에 담겨 있다.
○ 놀이 방법을 설명한다.
- 방문의 빈 곳에 알맞은 문살무늬 조각을 놓아 보세요. 반대편에 있는 문살무늬를 보고 똑같이 만드는 거예요.
- 새로운 모양의 문살을 만들어 보세요.
○ 문살무늬를 만든다.
- 어떤 무늬 문살을 만들고 있나요?

■ 어떤 조각이 필요한가요?

■ 조각을 어떻게 놓으면 아자살(완자살, 거북살) 무늬가 될까요?

○ 놀이를 마치고 나서 교구를 분류·정리한 뒤 교구장에 가져다 놓는다.

관련활동

■ 쌓기 놀이 영역 '전통가옥 만들기' (26쪽 참고)

■ 이야기나누기 '여러 종류의 한옥' (만 5세 '가족' 생활주제 121쪽 참고)

의식주 생활

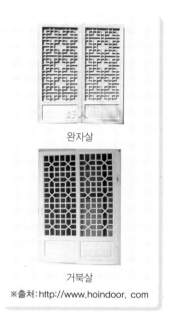

완자살

거북살

※출처:http://www.hoindoor.com

활동 7 옛날 물건과 오늘날 물건

집단형태

대집단활동

활동유형

이야기나누기

활동자료

• 어울리지 않는 모습 그림 자료(예 : 슈퍼마켓에서 물건값을 계산할 때 엽전을 내고 있는 모습, 양복을 입고 짚신을 신고 있는 모습, 족두리를 쓰고 웨딩드레스를 입은 모습 등)

• 옛날 물건과 오늘날 물건 사진(그림)이나 실물(모형)(예: 짚신—운동화·구두 / 가마—자동차 / 붓—연필 / 엽전—지폐 / 호롱불—등잔 / 봇짐—배낭 / 화로—전기난로·가스난로 / 부채—선풍기 또는 에어컨)

• 옛날 물건과 관련된 생활모습 그림 🅣IP 1

어울리지 않는 그림

옛날 물건 – 오늘날 물건
그림자료

활동목표

■ 우리나라 전통물건의 종류와 용도를 안다.

■ 전통물건과 현대물건의 용도에 따라 짝지을 수 있다.

활동방법

○ 서로 어울리지 않는 모습 그림 자료를 보며 이상한 점을 찾는다.

■ 어떤 모습의 그림인가요?

• 어린이가 슈퍼마켓에서 엽전을 내고 있다.

• 양복을 입고 짚신을 신고 있다.

■ 어떤 점이 이상한가요?

• 슈퍼마켓은 요즘 볼 수 있는 곳이지만 엽전은 옛날 사람이 사용하던 물건이다.

• 양복은 요즘 사람들이 입는 옷이지만 짚신은 옛날 사람들이 신었던 신발이다.

○ 옛날 사람들의 생활 모습과 옛날 사람들이 사용했던 물건에 대해 유아들이 알고 있는 것을 이야기해 보도록 한다.

■ 그림에 있는 엽전이나 짚신에 대해 알고 있는 것을 이야기해 줄 수 있나요?

■ 옛날 사람들이 사용했던 물건 중에 알고 있는 것이 있나요?

○ 옛날 물건과 요즘 물건을 짝짓고 이야기 나눈다.

① **가마 – 자동차(비행기, 배 등)**

■ 제주도에 가 본 사람 있나요? 제주도에 갈 때 무얼 타고 갔나요?

■ 제주도와 같이 먼 곳을 갈 때에는 또 무엇을 타고 갈 수 있나요?

• 비행기, 자동차, 기차, 배 등

■ 옛날에 비행기나 자동차가 없던 때에는 어떻게 먼 곳까지 갈 수 있었을까요?

• 가마, 말, 돛단배 등을 이용하거나 걸어서 다녔다.

■ 먼 곳을 걸어가거나 가마, 말을 타고 가다 보면 어떤 일이 일어날 수 있을까요?

• 산과 들을 직접 걸을 수 있어 즐겁다.

• 여러 마을의 사람들을 만날 수 있다.

• 오래 걷다보면 다리가 아프다.

• 가마를 드는 가마꾼들은 팔도 아프다.

• 도착하기까지 시간이 오래 걸려 힘들고 배고프다.

■ 그래서 어떻게 했을까요?

- 덜 힘들고, 시간이 짧게 걸리는 방법을 생각했다.

- 자동차, 비행기, 빠른 배 등을 만들어 냈다.

② 갓 − 모자 ⓣIP 2

■ 모자는 언제 쓰나요?

- 햇빛이 강한 날, 자외선으로부터 얼굴을 보호하기 위해 쓴다.

■ 옛날에도 머리에 쓰는 모자가 있었을까요?

- 양반(공부를 많이 하거나 나라를 다스리는 사람들)은 머리에 '갓'을 썼다.

■ 나라를 위해 일하는 사람들은 '관모'를 썼다.

■ 여자들은 결혼할 때 '족두리'를 썼다.

③ 엽전 − 동전(지폐)

■ 가게에서 물건을 사 본 적이 있나요?

■ 물건을 사려면 무엇이 필요한가요?

■ 요즘 우리가 쓰는 돈은 무엇인가요?

- 10원, 50원, 100원, 500원 동전

- 1000원, 5000원, 10000원, 50000원 지폐

- 신용카드 등

■ 옛날 사람들은 어떤 돈을 사용했을까요?

- 아주 옛날에는 물건을 살 때, 내가 가지고 있는 물건과 내가 필요한 물건을 서로 바꾸었다.

- 물건의 크기가 큰 경우 가지고 다니거나 바꾸기가 힘들고, 오래 보관하면 상하는 것들이 생기면서 사람들은 '돈'을 만들었다.

- 옛날 사람들은 엽전을 주고 물건을 샀다.

■ 엽전의 모양을 살펴봅시다. 어떻게 생겼나요?

- 동그란 모양이다.

- 엽전 가운데에 네모난 모양의 구멍이 뚫려 있다.

■ 왜 구멍이 뚫려 있을까요?

- 많은 엽전을 가지고 다닐 때에는 가운데 구멍에 새끼줄을 끼워 묶고 다녔다. 주머니에 넣기도 하였다.

■ 엽전을 들어봅시다. 요즘의 동전이나 지폐보다 무게가 어떤가요? ⓣIP 2

- 무겁다.

■ 엽전을 많이 가지고 다니면 어떨까요?

- 무거워서 들고 다니기 어렵다.

■ 요즘 사람들은 크기가 작고 가벼운 동전과 지폐를 만들어서 지갑에 넣고 다녀요.

옛날에 많이 사용했던 물건과
요즘에 많이 사용하는 물건 그림

ⓣIP 1 '우리나라' 생활주제를 시작하면서 역할 놀이 영역 소품을 우리나라 옛날 물건으로 교체해주고, 실물 자료나 모형을 전시하여 본 활동을 실시하기 전에 유아들이 경험할 수 있게 한다.

ⓣIP 2 실물 자료를 준비하여 유아들이 직접 착용해 볼 수 있도록 한다.

④ 화덕 – 가스레인지

■ 옛날 사람들은 요리를 할 때 불이 필요하면 화덕의 아궁이에 나무 장작을 넣고
불을 붙였어요.

■ 불을 꺼뜨리지 않고 계속 때려면 어떻게 해야 할까요?

• 불이 꺼지지 않게 잘 지켜보고 나무 장작을 계속 넣어 주어야 한다.

• 불 주변에 있으면 연기 때문에 기침이 나고 눈이 맵다.

■ 요즘에는 요리를 할 때 불을 더 편리하게 사용할 수 있어요.

• 가스레인지를 사용한다.

■ 부모님께서 가스레인지를 사용하시는 모습을 본 사람 있나요? 어떻게 사용하
나요?

• 가스 밸브를 연다.

• 가스레인지 손잡이를 돌리거나 누르면 불꽃과 가스가 만나 불이 붙는다.

■ 가스레인지를 사용할 때는 조심해야 할 점이 있어요. 무엇을 조심해야 할까요?

• 가스는 불이 매우 잘 붙는다.

• 만약 가스가 새어나오면 큰 불이 날 수 있다.

• 사용한 후에는 꼭 가스 밸브를 잠가서 가스가 새어나오지 않게 해야 한다.

• 어린이들은 사용하지 않아야 한다.

⑤ 전기밥솥 – 솥

■ 엄마, 아빠가 밥을 짓는 모습을 본 적 있나요?

• 전기밥솥이 필요하다.

• 쌀을 씻어서 전기밥솥에 넣고 물을 붓는다.

• 전기밥솥의 코드를 연결하고 버튼을 누르면 전기의 힘으로 밥이 지어진다.

■ 옛날 사람들은 어떻게 밥을 지었을까요?

• 쌀을 넣은 솥을 화덕에 올렸다.

○ 활동을 마친 후에 활동자료를 교실에 비치하여 유아들이 방안놀이 시간에 요즘
물건과 옛날 물건을 탐색해보는 경험을 충분히 할 수 있도록 한다.

유의점

■ 본 활동은 한 회에 실행하기에 많은 내용을 포함하고 있으므로, 한 회의 활동에
2~3개의 물건에 대해 깊이 있게 알아본다. 유아들이 오늘날 물건과 옛날 물건
을 단순히 짝짓는 데서 그치지 않고 옛날 물건의 특징과 오늘날의 물건으로 발
달하는 과정에 대해서 보다 심층적으로 탐구할 수 있도록 지도한다.

관련활동

■ 쌓기 놀이 영역 '전통가옥 만들기' (26쪽 참고)

■ 역할 놀이 영역 '장터 음식점 놀이' (24쪽 참고)

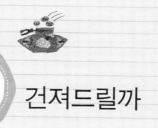

활 동
8 건져드릴까

활동목표

- 조리와 박의 생김새와 기능을 안다.
- 보름달이 떠오른 아름다운 밤풍경을 상상한다.

활동방법

○ 노래자료를 활용하여 노랫말을 이야기한다.

- 그림에서 달을 찾아보세요. 달이 어디에 있나요?
  - 하늘에 떠 있다.
  - 연못, 옹달샘에 떠 있다.
- 왜 달이 옹달샘에 떠 있을까요?
  - 달이 물에 비쳐 보이기 때문이다.
- 이 사실을 모르는 어떤 사람은 달이 비춰진 옹달샘을 보고 달이 물에 빠진 줄 알 았대요. 이 사람은 어떤 생각을 했을까요?
  - 물에서 꺼내야겠다고 생각하였다.
- 달을 어떻게 건질 수 있을까요?
- 노래에서는 어떻게 건졌는지 잘 들어보도록 해요.

○ 노래를 들려준다.

○ 조리와 쪽박에 대해 알아본다.

- 노래에서 달을 무엇으로 건진다고 하였나요?
  - 조리, 쪽박
- (조리를 보여주며) 이것을 본 적 있나요? 이것은 '조리' 라고 해요.
- 조리는 대나무를 가늘게 쪼개서 엮어 만들어요. 쌀을 일어 돌을 걸러내는 데 쓰여요. 쌀을 바가지에 담아 깨끗이 씻은 다음 물에 담그고 조리로 한 방향으로 동그라미를 그리면, 쌀은 떠올라 조리 안에 담기고 돌은 무거워 바닥에 가라앉아요.
- (지붕에 박이 열린 초가집 사진을 보여주며) 초가집 지붕에 무엇이 열렸나요?
  - 박
- 박을 두 쪽으로 쪼개 만든 그릇을 바가지라고 하고, 바가지 중에서 작은 바가지를 '쪽박' 이라고 해요.

집단형태

대집단활동

활동유형

노래

활동자료

노래자료, 노랫말 자료, 게시판, 조리·쪽박 실물 자료, 지붕에 박이 열린 초가집 사진

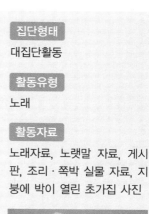

'건져드릴까' 노래자료

'건져드릴까' 노랫말 자료

○ 노래를 들려준다.

○ 함께 불러본다.

관련활동

■ 이야기나누기 '옛날 물건과 오늘날 물건' (30쪽 참고)

악 보

건져드릴까

작사 이은화
작곡 노영희

1. 어 머 나 달 아 가 씨 어 찌 하 다 가
2. 어 머 나 별 님 도 령 어 찌 하 다 가

뒷 동 산 옹 달 샘 에 빠 져 버 렸 나
뒷 동 산 옹 달 샘 에 빠 져 버 렸 나

조 리 로 조 심 조 심 건 져 드 릴 까
그 물 로 조 심 조 심 건 져 드 릴 까

쪽 박 으 로 조 심 조 심 건 져 드 릴 까
두 손 으 로 조 심 조 심 건 져 드 릴 까

활동
9
산을 넘어 조롱박으로 물(공) 떠 옮기기

활동목표

- 조롱박의 생김새와 기능을 안다.
- 몸의 움직임을 조절하는 능력을 기른다.
- 게임 방법을 알고 규칙을 지키며 게임을 한다.

활동방법

○ 유아들이 양편으로 나누어 마주보고 앉는다.

○ 양편의 수가 같은지 알아보고 양편의 수가 다를 때는 유아들과 의논하여 같게 한다.

○ 게임 자료를 살펴보며 게임 방법을 이야기한다.

- (조롱박을 가리키며) 이것은 무엇인가요? 언제 사용하는 물건일까요?
  - 옛날 사람들이 물을 떠서 마실 때 사용했던 조롱박이다. 초가집 지붕에 열린 박을 반으로 잘라서 만든다.
- 또 어떤 것들이 있나요?
  - 흰색 볼풀공이 담긴 항아리, 그릇
- 공을 물이라고 생각하고 항아리에 담아 놓았어요. 공을 옮겨 담을 그릇도 준비했어요.
- 이것들로 어떤 게임을 할 수 있을까요?
  - 항아리까지 달려가 항아리에 담긴 공을 조롱박으로 떠서 그릇 안에 넣고 돌아온다.
  - 돌아온 후 다음 사람과 악수를 하면 다음 사람이 출발한다.
  - 마지막에 오는 사람은 선생님과 악수를 한다.

○ 교사와 유아 1명이 나와서 게임 방법대로 해본다.

- 이 게임은 앞 사람이 게임을 마치면 다음 사람이 바로 이어서 게임하는 릴레이 게임이에요. 게임을 시작하기 전에 출발선에는 몇 명이 준비하고 있어야 할까요?
  - 출발할 사람과 다음에 출발할 사람이 기다리고 있어야 한다.

○ 게임에 필요한 규칙을 정한다.

- 게임을 하기 전 정해야 할 규칙이 있어요.
  - 조롱박으로 공을 담다가 바닥에 떨어트리면 주워서 담는다.

집단형태

대집단 활동

활동유형

신체(게임)

활동자료

조롱박 2개, 조롱박을 담을 바구니 2개, 흰색 볼풀공이 담긴 항아리 2개, 투명한 그릇 2개

활동대형

편대형

'산을 넘어 조롱박으로 물(공) 떠 옮기기' 게임대형

조롱박으로 물(공) 떠 옮기기

○ 양편의 이름을 유아들과 함께 정한다.

○ 게임을 한다.

○ 게임을 평가한다.

　■ 어느 편이 먼저 들어왔나요?

　■ 먼저 들어온 ○○편이 이겼어요. ○○편에게 잘했다고 큰 소리로 박수쳐 주세요. △△편도 함께 열심히 게임했다고 박수쳐 주세요.

○ 응원 태도에 대해 평가한다.

○ 게임에 사용했던 도구들을 정리한다.

관련활동

　■ 이야기나누기 '옛날 물건과 오늘날 물건' (30쪽 참고)

　■ 노래 '건져드릴까' (33쪽 참고)

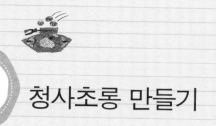

활동 10 청사초롱 만들기

활동목표

■ 청사초롱의 생김새와 용도를 안다.

■ 청사초롱을 아름답게 만들고 꾸미며 심미감을 기른다.

활동방법

○ 청사초롱에 대하여 이야기를 나눈다.

■ (청사초롱 실물을 함께 보면서) 이것을 본 적이 있나요? 어디에서 보았나요?

• 그림책에서 보았다.

• 산에 있는 절에 갔을 때 지붕(처마)에 매달려 있는 것을 본 적이 있다.

■ 이 물건의 이름을 알고 있나요?

• 청사초롱

■ 청사초롱은 무엇일까요?

• 전등이 없던 옛날, 어두운 밤에 길을 밝히기 위해 사용한 물건이다. 청사초롱 안에 초를 넣고 들고 다녔다.

• 결혼식을 하기 위해 밤에 신랑이나 신부의 집으로 떠날 때 사용했다.

■ 청사초롱은 손님을 맞이하고 안내할 때도 사용했어요. 2010년에 우리나라에서 열린 G20 정상회담 때 외국 손님을 기쁜 마음으로 친절하게 맞이하자는 의미에서 청사초롱을 마스코트로 정했어요.

○ 재료를 보면서 청사초롱을 만드는 방법을 소개한다.

■ 어떤 재료들이 있나요?

• 윗부분을 자른 우유갑, 빨간색 한지, 파란색 한지, 나무젓가락, 끈, 연필, 풀, 셀로판테이프, 가위, 사인펜, 흰색 한지, 매듭 등

■ 이 재료들로 청사초롱을 만들려고 해요. 청사초롱을 만드는 방법을 알려 줄게요.

• 우유갑의 바닥면이 위로 오도록 우유갑을 뒤집어 놓고 윗부분에 빨간색, 아랫부분에 파란색 한지를 붙인다.

• 여러 가지 색깔 조각 한지를 붙여 아름답게 꾸민다.

• 우유갑에 뚫린 구멍으로 끈을 넣고 안쪽에서 매듭을 묶어 청사초롱이 끈에 매달리도록 한다. 길게 자른 한지도 함께 매단다. 한지 끝에는 매듭 줄을 단다.

• 끈의 다른 한 쪽은 나무젓가락에 매달아 손잡이를 만든다. 또는 전시용 나뭇

집단형태

자유선택활동

활동유형

조형 영역

활동자료

청사초롱 실물 혹은 사진 자료, 윗부분을 자른 우유갑 **T**IP, 빨간색 한지, 파란색 한지, 나무젓가락, 끈, 연필, 풀, 1cm 셀로판테이프, 가위, 사인펜, 흰색 한지(2×7cm), 매듭, 작업 순서도

청사초롱 만들기 작업 준비

TIP 우유갑의 바닥 가운데에 송곳으로 구멍을 뚫어 준비한다.

가지에 매단다.

○ 청사초롱을 만든다.

○ 완성된 청사초롱은 교실에 전시한다.

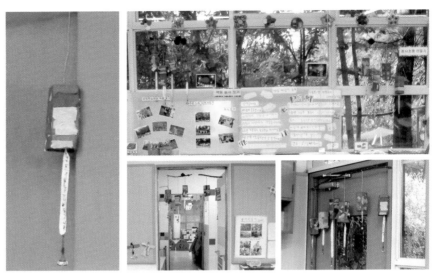

'청사초롱' 완성작품   창문·실내외 통로에 전시한 청사초롱

관련활동

■ 이야기나누기 '옛날 물건과 오늘날 물건'(30쪽 참고)

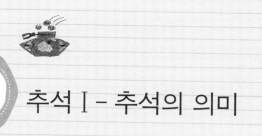

활동 11 추석 I – 추석의 의미

활동목표

- 추석의 의미를 안다.
- 추석을 뜻하는 여러 가지 말을 안다.
- 전통문화에 친숙해지고 관심을 갖는다.

활동방법

○ 추석의 의미에 대해 이야기를 나눈다. **T**IP

- (달력을 보며) 내일은 몇 월 며칠인가요?
- ○월 ○일 밑에 무엇이라고 쓰여 있나요?
  - '추석' 이라고 쓰여 있다.
- 추석은 어떤 날인가요?
  - 가을은 봄에 뿌린 씨앗이 자라 곡식이 여물고 과일이 익는 계절이다. 곡식, 과일, 채소 등을 거둘 수 있도록 보살펴 주신 조상님께 감사드리는 날이 '추석' 이다.
- 추석에는 오랫동안 만나지 못했던 가족, 친척들이 모여 인사를 나누어요.
- 함께 음식을 나누어 먹고 여러 가지 놀이도 해요.
  - 송편을 만들어 먹는다.
  - 강강술래와 씨름 등 놀이를 한다.

○ 추석을 부르는 다른 말에 대하여 소개한다.

- 추석은 여러 가지 다른 말로 부를 수 있어요. 그리고 각각의 말에는 뜻이 담겨 있어요.
  - 옛날 사람들은 달의 모양이 변하는 모습을 보며 날짜를 셌다. 이를 '음력' 이라고 하는데 음력 8월 15일이 추석이다.
  - 8월의 한 가운데에 있다는 뜻에서 '팔월한가위' 라고 부르기도 한다. '한' 은 '크다' 라는 뜻이고, '가위' 는 '가운데' 라는 뜻이다.
  - 가을의 가운데에 있다는 뜻에서 '중추절' 이라고 한다. '중' 은 한자로 '가운데' 라는 뜻이고, '추' 는 한자로 '가을' 이라는 뜻이다.

○ 추석을 지낸 후에 추석의 풍습, 놀이, 음식 등을 알아보는 활동을 할 것임을 소개하고, 추석에 가정에서 무엇을 했는지 기억해 오도록 이야기한다.

집단형태
대집단활동

활동유형
이야기나누기

활동자료
달력, 낱말카드(한가위, 추석, 중추절)

한 가 위

추 석 秋 夕	중 추 절 仲 秋 節

낱말 카드

TIP 본 활동에서는 추석의 의미에 대해 알아보고, 추석의 풍습, 놀이, 음식 등에 대한 자세한 내용은 유아들이 추석을 쇠고 온 후 '추석 II' 이야기나누기 활동에서 실시한다.

- 추석을 지내고 온 후에는 추석에 가족들과 무엇을 했는지 함께 이야기 나눌 거예요.
- 추석에 하는 놀이, 추석에 먹는 음식에 대해 엄마, 아빠, 할머니, 할아버지와 이야기 나누어 보세요.

관련활동

- 이야기나누기 '추석 II – 추석의 풍속' (41쪽 참조)
- 노래 '송편' (43쪽 참조)
- 율동 '풍물놀이' (55쪽 참조)
- 율동 '강강술래' (70쪽 참조)
- 과학 '달 모양 관찰하기' (50쪽 참고)
- 과학 '송편 빚기' (45쪽 참고)

활동목표

■ 추석의 풍속에 대해 안다.

■ 전통문화에 친숙해지고 관심을 갖는다.

활동방법

○ 추석 연휴를 마친 후에 집에서 추석을 보낸 경험을 발표하며 추석의 풍속에 대해 이야기를 나눈다.

■ 추석에 무엇을 하면서 지냈나요?

• 송편을 빚었다.

• 달을 보고 소원을 빌었다.

• 친척들이 모여 즐겁게 이야기하고 놀이하였다.

• 제사 음식을 준비해서 차례를 지내고, 성묘를 다녀왔다.

■ 차례란 무엇일까요? 차례를 어떻게 지냈나요?

• 올해 처음 거두어드린 곡식과 과일(햇곡식, 햇과일), 나물, 생선 등을 차려 놓고 조상님들께 감사의 마음을 담아서 절을 올리는 것을 '차례'라고 한다.

■ 조상님은 우리가 태어나기 전에 계셨던 어른들을 말해요.

■ 성묘를 다녀온 사람 있나요? 성묘를 가서 무엇을 했나요?

• 차례를 지낸 후 조상님의 산소에 가서 절을 드리고 산소를 돌보았다.

• 성묘를 하기 며칠 전에 할아버지, 할머니 산소에 가서 잡초를 베어 깨끗이 했다. 이것을 '벌초'라고 한다.

○ 추석에 하는 놀이(예: 풍물놀이, 강강술래 등) 영상물을 감상하고 이야기를 나눈다.

■ 우리나라 사람들은 옛날부터 추석이 되면 기쁜 마음, 감사한 마음으로 여러 가지 놀이를 했어요.

• 풍물놀이, 강강술래

■ 풍물놀이를 하는 모습을 본 적이 있나요? 풍물놀이를 하는 모습을 감상해 봅시다.

■ 풍물놀이를 보니 어떤 느낌이 드나요?

• 흥겹고 신난다.

■ 추석에 왜 풍물놀이를 했을까요?

• 농사를 지을 때 흥겨운 마음을 갖기 위해서

집단형태

대집단활동

활동유형

이야기나누기

활동자료

추석의 풍속을 나타내는 사진 및 영상물(예: 차례, 성묘, 송편 빚기, 강강술래, 풍물놀이 등)

추석 관련 사진이나 그림 영상물 자료

- 힘든 마음을 위로하려고
- 추석날 기쁨을 이웃과 함께 나누려고
■ 옛날에는 주로 남자들이 풍물놀이를 했어요. 여자들은 어떤 놀이를 했는지 알고 있나요?
- 강강술래
■ 강강술래를 하는 모습을 본 적이 있나요? 강강술래를 하는 모습을 감상해 봅시다.
■ 강강술래는 어떻게 하는 놀이인가요?
- 여러 사람들이 손을 잡고 원을 만들어 빙빙 돌면서 추는 춤이다.
- 밤에 보름달을 보면서 춤을 추는 놀이다.
○ 추석에 먹는 음식(예: 송편, 토란국, 누름적, 산적, 박나물 등)에 대해 이야기를 나눈다.
■ 추석에 어떤 음식을 먹어 보았나요?
- 송편, 과일 등
■ 추석에 먹는 음식을 어떻게 만드는 것인지 알아봅시다.
- 송편 : 쌀가루를 익반죽하고 콩, 깨, 밤 등을 넣어 만든 떡
- 토란국 : 토란을 넣고 끓인 국
- 누름적(꼬치전) : 채소, 고기 등을 가늘고 길게 잘라 꽂이에 끼운 후 밀가루와 계란옷을 입혀 부친 요리
- 산적 : 쇠고기를 길쭉하고 납작하게 썰어 양념하여 구운 요리
- 박나물 : 박을 가른 후 속을 긁어내어 얇게 저미거나 굵게 채쳐서 무친 음식
○ 추석을 지낸 일을 각자 그림으로 그리고 교사가 이야기를 적어 교실 벽면에 게시하거나 책으로 묶어 언어 영역에 제공한다.

관련활동

■ 이야기나누기 '추석 I − 추석의 의미' (39쪽 참고)
■ 노래 '송편' (43쪽 참고)
■ 율동 '풍물놀이' (55쪽 참고)
■ 율동 '강강술래' (70쪽 참고)
■ 과학 '달 모양 관찰하기' (50쪽 참고)
■ 과학 '송편 빚기' (45쪽 참고)

활동 13 송편

활동목표

■ 송편은 추석 명절 음식임을 안다.

■ 송편을 빚는 방법을 안다.

활동방법

○ 송편에 대해 이야기를 나눈다. **T**IP

■ 송편을 먹어 본 적이 있나요? 어떠했나요?

• 말랑말랑하고 쫄깃쫄깃했다.

■ 송편에는 어떤 것들이 들어있었나요?

• 콩, 깨, 꿀 등

■ 송편을 언제 먹어 보았나요?

• 추석

■ 송편은 우리나라의 큰 명절인 '추석'에 먹는 대표적인 음식이에요.

○ 송편을 만드는 과정에 대해 이야기 나눈다.

■ 송편을 만들어 본 적이 있나요?

■ (송편 만드는 단계별 사진을 융판에 붙이며) 송편을 만들기 위해서는 따뜻한 물로 쌀가루를 익반죽해야 해요.

■ 손에 쌀가루가 있다고 생각하고 함께 익반죽해 볼까요?

■ 반죽을 조금 떼어서 손바닥에 놓고 동그랗게 굴려요. 떼어진 반죽이 손바닥 위에 있다고 생각하고 함께 굴려 봅시다('동글동글 동글동글 손바닥에 굴려' 부분을 부른다.).

■ 동그랗게 굴려진 송편에 검지 손가락으로 구멍을 뚫어 보아요('폭폭폭 폭폭폭 구멍을 만들어' 부분을 부른다.).

■ 그 안에 콩, 깨 등 각자 넣고 싶은 것을 넣어 보아요('하나 둘 셋 넷 콩 집어넣고' 부분을 부른다.).

■ 마지막으로 손가락으로 구멍을 집으면 예쁜 송편이 완성되지요('집집집 집으면 예쁜 송편' 부분을 부른다.).

○ 교사가 노래를 부른다.

■ 선생님이 송편 만드는 방법을 담은 노래를 불러 볼게요.

집단형태

대집단활동

활동유형

노래

활동자료

송편 만드는 단계별 사진, 노랫말 자료, 장구, 게시판

'송편' 노랫말 자료

TIP 송편 빚기 요리 활동을 하고 노래를 배우는 경우 송편을 만들었던 경험을 회상하며 노랫말을 소개한다.

○ 장구 장단에 맞춰 부른다.

　　■ 이 곡은 '장구' 장단에 맞추어 부르면 더 흥겹고 재미있어요. 선생님이 장구 장
　　　단에 맞추어 노래를 다시 한 번 불러 줄게요.

○ 교사의 장구 장단에 맞춰 유아들이 함께 노래를 부른다.

관련활동

　　■ 이야기나누기 '추석 I – 추석의 의미' (39쪽 참고)

　　■ 이야기나누기 '추석 II – 추석의 풍속' (41쪽 참고)

　　■ 이야기나누기 '우리나라의 음식' (22쪽 참고)

　　■ 과학 '송편 빚기' (45쪽 참고)

악 보

송 편

작사 · 곡　김진영

활 동 14 송편 빚기

활동목표

- 송편을 빚는 방법을 알고 익힌다.
- 재료의 상태와 변화를 지속적으로 관찰한다.
- 송편을 빚는 과정에 즐겁게 참여한다.

활동방법

| 익반죽하기 및 송편 만드는 방법 이야기 나누기 |

○ 활동하는 날 아침, 송편 빚기 순서도를 게시판에 붙여 등원하는 유아들이 볼 수 있도록 한다.

○ 유아들이 등원하는 대로 송편 빚기 순서도를 살펴보고 요리 모둠을 정하게 한다.

○ 계획하기 시간에 송편 빚기를 소개한다.

- (송편 사진을 보며) 이 음식은 무엇인가요?
  - 송편
- 이 음식을 먹어 본 적이 있나요? 언제 먹었었나요? 맛이 어땠나요? 만들어 본 적이 있나요?
  - 추석에 먹어 보았다.
  - 가족과 함께 만들어 보았다.
- 추석이 되면 햅쌀로 떡을 빚어서 조상들께 한 해의 농사를 잘 지을 수 있게 해주심을 감사드리며 이웃과 함께 떡을 나누어 먹어요.
- 송편의 모양이나, 송편 안에 넣는 소는 지역마다 조금씩 다르기도 해요(교사가 지역별 다양한 송편의 모습을 사진으로 보여준다).

○ 순서도를 보며 쌀을 빻기 시작해서 익반죽을 하기까지의 과정을 설명한다. 익반죽의 경우 시범을 보인다.

① **쌀을 물에 담가 놓는다.**

- 송편은 무엇으로 만드나요?
  - 쌀
- 송편을 만들기 위해서는 쌀을 가루로 만들어야 해요. 쌀을 가루로 만들려면 어떻게 해야 할까요?
  - 빻는다.

집단형태
소집단활동(약 10명)

활동유형
과학

활동자료

- 재료(30명 기준) : 쌀가루 4kg, 더운 물, 익반죽(쌀반죽과 쑥을 섞어서 만든 반죽) **TIP 1**, 깨 500g을 설탕, 꿀과 함께 버무려 놓은 것
- 기구(1집단 기준) : 익반죽에 필요한 투명하고 움푹한 그릇 1개(익반죽을 하기 위한 용도), 쟁반 1개(송편을 빚어서 놓기 위한 용), 작은 공기 2개(깨소를 담기 위한 용), 찻숟가락 4개, 밀대
- 기타 : 여러 종류의 송편 사진, 송편 빚기 순서도, 요리복, 요리보, 일회용 위생 장갑(유아당 한 켤레씩 준비)

'송편 빚기' 순서도

TIP 1 송편 빚는 날 아침 익반죽을 만들어 놓고 반죽이 마르지 않도록 보자기를 덮어놓는다.

TIP 2 활동을 실시하기 전 방앗간이나 떡 가게에 현장학습을 다녀온다. 또는 교사가 방앗간이나 떡 가게에서 제분기를 이용하여 쌀가루를 만드는 과정을 동영상으로 촬영해 와 유아들과 함께 본다.

TIP 3 익반죽하는 방법과 송편 빚기를 간단히 시범 보일 수 있도록 책상에 필요한 기구와 재료를 준비해 둔다.

- 쌀을 만져보니 어떤가요?
  - 딱딱하다.
- 쌀이 잘 빻아지게 하려면 물에 불려야 해요.

② 쌀을 가루로 빻는다.

- 이렇게 물에 불린 쌀을 가루로 빻기 위해 어디로 가야 하나요?
  - 방앗간
  - 방앗간에는 '제분기' 라는 기계가 있어서 곡식의 낟알을 빻아 고운 가루로 만들 수 있어요.
- 선생님이 어제 방앗간에 가서 쌀을 빻아 왔어요. **TIP 2**
- (투명한 그릇에 쌀가루를 담아서 유아들에게 보여주며) 그릇에 담긴 쌀가루를 보세요. 쌀가루의 색깔이 어떤가요?
  - 흰색이다.
- 쌀가루가 어떻게 보이나요?
  - 만지면 부드러울 것 같다.

③ 쌀가루를 더운 물로 반죽한다. **TIP 3**

- 더운 물로 반죽하는 것을 '익반죽' 이라고 해요. 쌀가루를 찬물로 반죽하면 잘 뭉쳐지지 않지만, 더운물에 반죽하면 더 쫀득하고 맛있는 떡을 만들 수 있어요.
- 쌀가루에 더운 물을 부어 볼게요. (쌀가루가 담긴 그릇에 물을 조금씩 부으며) 쌀가루가 어떻게 변하고 있나요?
  - 물과 섞인다.
  - 가루가 점점 덩어리로 변한다.
- (교사가 손으로 반죽을 하며) 손으로 계속 주물러 주면 가루와 물이 섞여서 반죽이 되요.
- 이 익반죽을 모둠별로 나누어 갖고 송편을 빚기로 해요.

○ 송편 만들기 방법을 소개한다.

- 반죽을 떼어 손바닥 위에 올려놓고 동그랗게 빚은 다음 손가락으로 꾹 눌러 구멍을 만들어요.
- 구멍 속에 깨소를 넣은 후 구멍을 잘 막고 예쁘게 빚는 거예요.

○ 송편을 찌는 과정을 소개한다.

- 우리가 만든 송편은 주방에 가져가서 냄비에 넣고 찔 거예요. 송편에서 향도 나고 송편끼리 붙지 않도록 냄비에 솔잎을 깔아 줄 거예요.
- 송편이 다 쪄지면 찬물에 헹군 후 고소한 맛을 내기 위해 참기름을 발라요.
- ○○○반 어린이들이 주방에 들어가서 송편을 찌는 모습을 보지 못하기 때문에 선생님이 송편을 찌는 모습을 사진으로 찍어 준비해 왔어요.
- 송편이 다쪄지면 간식으로 먹을 거예요.

| 송편 빚기 |

○ 모둠별로 모여 순서도를 보며 송편을 만든다.

① 준비된 반죽을 유아의 수대로 나눈다.

■ 반죽을 몇 개로 나누어야 할까요?

• 모둠원이 8명이므로 모두 8개로 나누어야 한다.

■ 어떻게 나눌 수 있을까요?

• 반죽을 쉽게 나눌 수 있도록 밀대로 밀어 볼게요. 큰 반죽을 똑같은 크기로 반으로 잘랐더니 몇 개가 되었나요?

• 2개

■ 4개로 만들기 위해서 어떻게 잘라야 할까요? **TIP 4**

• 2개의 반죽을 한 번 더 반으로 자른다.

■ 8개로 만들기 위해서 또 어떻게 잘라야 할까요?

• 4개의 반죽을 한 번 더 반으로 자른다.

② 각자 나누어 가진 반죽을 동그랗게 빚는다.

■ 반죽이 동그란 모양이 되도록 손바닥 위에 굴려 보세요.

③ 손가락으로 구멍을 만든다.

■ 소를 넣을 수 있도록 손가락으로 구멍을 만들어 보세요.

④ 찻숟가락으로 깨소를 한 스푼 넣는다.

⑤ 구멍을 오므리고 송편 가장자리를 꾹꾹 눌러 막아 준다.

⑥ 다 빚은 송편은 쟁반 위에 올려놓는다.

○ 요리 재료와 도구들을 정리한다.

○ 다 찐 송편을 간식으로 먹는다. **TIP 5**

의식주 생활

송편 빚기

유아들이 만든 송편

TIP 4 다양한 방법을 활용하여 반죽을 유아 수대로 나누어 봄으로써 유아들이 부분과 전체의 관계에 대해 생각해 볼 수 있도록 한다.

TIP 5 유아들이 만든 송편을 간식으로 먹기 위해 송편이 쪄지는 데에 소요되는 시간을 고려해서 활동 시간을 정한다.

유의점

■ 유아들이 송편 빚는 과정에 성인의 도움이 필요하다. 사전에 학부모에게 도움을 청해 가급적 책상별로 교사 혹은 학부모가 1명씩 앉아 유아들을 도와주도록 한다.

■ 송편을 찌는 시간을 고려하여 요리활동 시작 시간 약 1시간~1시간 30분 후로 간식 시간을 정한다. 예를 들어 9시 20분에 송편 만들기를 계획하였다면 간식을 먹는 시간은 10시 20분~10시 50분 내외가 된다.

관련활동

■ 이야기나누기 '추석 I – 추석의 의미' (39쪽 참고)

■ 이야기나누기 '추석 II – 추석의 풍속' (41쪽 참고)

■ 이야기나누기 '우리나라의 음식' (22쪽 참고)

■ 노래 '송편' (43쪽 참고)

집단형태

대집단활동

활동유형

노래

활동자료

여러 종류의 떡 사진(예 : 백설기, 콩시루떡, 팥시루떡, 호박고지 등), 시루(실물 또는 사진), 노랫말 자료, 게시판

'시루떡' 노랫말 자료

TIP 시루떡을 간식으로 먹는 날 활동을 진행하면 유아들이 관심을 갖고 참여할 수 있다.

활동목표

■ 시루떡의 종류에 대해 안다.

■ 시루떡을 만드는 과정에 관심 갖는다.

■ 전통떡에 친숙해지고 관심을 갖는다.

활동방법

○ 우리나라의 떡 중에서 여러 종류의 시루떡(예 : 백설기, 콩시루떡, 팥시루떡, 호박고지 등)의 사진을 보면서 유아들의 경험을 듣는다. **TIP**

■ 무슨 떡인가요?

■ 언제 먹어보았나요?

■ 맛이 어땠나요?

• 달콤하고 고소했다.

■ 씹을 때 어떤 느낌이었나요?

• 쫄깃쫄깃했다.

○ 시루떡을 만드는 방법에 대해 알아본다.

■ 시루떡은 어떻게 만드는지 알아봅시다.

■ 쌀을 가루로 만들어 시루라는 그릇에 넣어요.

■ 시루 바닥에 깨끗한 천을 깔고, 그 위에 쌀가루를 얹어요. 찜통 위에 시루를 올려놓고 찌는 거예요.

■ 시루 밑바닥을 보세요. 어떻게 생겼나요?

• 큰 구멍들이 나 있다.

• 구멍으로 찜통의 열기가 들어와 떡이 쪄진다.

■ 시루에 넣고 만들었다고 하여 '시루떡' 이라고 불러요.

■ 시루떡은 옛날부터 우리나라 사람들이 즐겨 먹던 떡이에요. 추석에 새로 거둔 곡식들로 시루떡을 만들어 차례상에 올렸어요.

○ 노래를 들려준다.

■ 시루떡을 만드는 모습을 보며 만든 노래가 있어요.

○ 교사와 유아가 나누어서 부른다.

○ 처음부터 끝까지 함께 부른다.

유의점

■ 당김음이 많아 유아들이 부르기 어려울 수 있으므로 교사가 정확한 멜로디를 들려주고 유아들과 함께 연습해 본다. 손뼉과 무릎을 치며 노래를 부르면 박자를 맞추는 데에 효과적이다.

관련활동

■ 이야기나누기 '추석 I – 추석의 의미' (39쪽 참고)
■ 이야기나누기 '추석 II – 추석의 풍속' (41쪽 참고)
■ 이야기나누기 '우리나라의 음식' (22쪽 참고)

악보

시루떡

작사 김재우
작곡 이수인

활동 16 달 모양 관찰하기

집단형태
대집단활동

활동유형
과학

활동자료
달의 변화를 나타낸 자료, 기록용구(예 : 화이트보드, 보드마카펜 등)

TIP 1 유아들이 달의 모양 변화를 관찰할 수 있도록 추석을 보름 정도 앞두고 유아들이 가정에서 달을 관찰하게 한다.

TIP 2 유아들이 이야기하는 달의 모양을 화이트보드에 그림으로 그려 본다.

TIP 3 유아들이 달의 모양이 변하는 이유를 궁금해하면 이에 대해 간단히 설명해 준다.

활동목표

■ 한 달을 주기로 달의 모양이 변화함을 안다.

■ 달은 모양에 따라 명칭이 다름을 안다.

활동방법 TIP 1

○ 달을 본 경험에 대해 이야기 나눈다. TIP 2

■ 밤에 달을 본 적이 있나요? 달의 모양이 어땠나요?

• 동그란 모양이다.

• 동그라미가 반으로 잘린 모양이다.

• 활처럼 생겼다.

• 찌그러진 원처럼 생겼다.

○ 달의 모양이 변하는 이유에 대해 생각해 본다.

■ ○○○반 어린이들이 본 달의 모양이 왜 서로 달랐을까요?

• 달의 모양은 계속 변하기 때문이다.

• 달은 커지기도 하고 작아지기도 한다.

■ 달은 스스로 빛나지 않고 햇빛을 받아 빛을 내요.

■ 달은 지구 주위를 도는데, 지구가 햇빛을 얼마나 가리느냐에 따라 달의 모양이 달라지는 거예요.

○ 자료를 통해 달이 변하는 모습을 살펴본다. TIP 3

■ 달은 시간이 지나면서 모양이 변해요. 모양이 다르기 때문에 달을 부르는 이름도 달라요. 3일 밤을 자고 나면 이런 달을 볼 수 있어요. (초승달을 보며) 모양이 어떤가요? 무엇 같나요?

• 눈썹, 손톱, 활 같다.

■ 이 달은 '초승달'이라고 불러요. (상현달의 모습을 보여주며) 4일 밤을 더 자고 나면 달이 이렇게 변해요. 달이 어떻게 되었나요?

• 달이 커졌다.

• 밝은 부분이 많아졌다.

• 반달이 되었다.

■ 이 달은 '상현달'이라고 불러요. 달의 반쪽만 보여서 '반달'이라고 부르기도

해요. 시간이 더 지나면 달이 어떻게 될까요?

- 달이 더 커진다.

- 완전하게 둥근 모양의 달이 된다.

■ 7일 밤을 더 자고 나면 (보름달을 보여주며) 동그란 모양의 달을 볼 수 있어요.

■ 이 달의 이름은 무엇일까요?

- 보름달

■ 이제는 달이 어떻게 될까요?

- 다시 작아진다.

- 상현달과 비슷한 모양으로 바뀐다.

■ 7일 밤을 다시 자고 나면 (하현달을 보여주며) 달이 다시 점점 작아져요. 이 달은 '하현달' 이라고 해요. 모양이 어떤가요?

- 상현달과 비슷하다.

- 상현달과 반대로 생겼다.

■ 4일 밤을 자고 나면 달은 점점 더 작아져서 (그믐달을 보여주며) 다시 가느다란 '그믐달' 이 돼요.

○ 달의 모양 관찰하는 방법에 대해 이야기한다.

■ 시간이 지나면서 달의 모양이 어떻게 변하는지 ○○○반 어린이들이 관찰해 보기로 해요. 달은 언제 볼 수 있나요?

- 밤

■ 달을 하룻밤만 관찰하면 변하는 모습을 볼 수 있나요?

- 한 달에 걸쳐서 모습이 서서히 변하기 때문에 한 달 동안 여러 번 관찰해야 한다.

■ 관찰한 달의 모양을 어떻게 기록할 수 있을까요?

- 그림으로 그린다.

- 카메라로 사진을 찍는다.

- 달의 모양이 어떻게 보였는지 글씨로 쓴다.

- 관찰한 날짜를 쓴다.

○ 다음 날 계획하기 시간에 관찰한 내용을 발표한다.

■ 어젯밤에는 달이 어떤 모양으로 보였나요?

○ 유아들의 관찰기록지를 벽면에 날짜순으로 게시한다.

유의점

■ 달의 모습을 지칭하는 명칭은 유아들이 구분하고 기억하기 어려우므로 이를 강조하기보다 유아들이 달의 모양 변화에 관심을 갖고 탐색하는 데에 초점을 맞추어 활동한다.

- 유아들이 달에 대한 흥미와 호기심을 보일 경우, 달과 관련된 궁금한 것(예: 달의 무중력 상태, 달의 표면, 달의 크기와 색깔, 지구의 자전, 달 착륙 등)에 대해 알아보는 활동을 실시한다. 교사는 유아들이 궁금해 하는 것을 유아의 이해 수준이나 지식 정도를 고려하여 알려주거나 함께 조사한다.

관련활동

- 이야기나누기 '추석 I – 추석의 의미' (39쪽 참고)
- 이야기나누기 '추석 II – 추석의 풍속' (41쪽 참고)
- 노래 '건져드릴까' (33쪽 참고)
- 노래 '별달거리' (53쪽 참고)

활동 17 별달거리

활동목표

- 우리나라 고유의 생활 풍습에 관심을 갖는다.
- 별달거리 유래를 안다.

활동방법

○ 사물놀이 중 별달거리를 감상한다. **TIP 1** **TIP 2**

- 음악을 들어 보니 어떤 느낌이 들었나요?
  - 흥겹다, 빠르다
- 어떤 소리를 들었나요?
  - 말하는 것 같다.
  - 큰 소리로 외치는 것 같다.
- 무엇이라고 외치는 것 같나요? 어떤 말이 들렸나요?
- 이 노래는 옛날에 농사를 하는 사람들이 부른 노래에요.

○ 별달거리를 다시 한 번 감상한다.

- 다시 한 번 들어 보세요. 이번에는 노랫말을 주의깊게 들어 보세요.

○ 별달거리 노랫말에 대하여 이야기를 한다.

- 어떤 노랫말을 들었나요?
- 이 노래에는 이런 노랫말들이 있어요.
  - 대풍 : 큰 풍년
  - 풍년 : 곡식이 잘 자라고 익어서 다른 해보다 많이 거두어들이는 것
  - 어둠 : 캄캄한 상태
- 농사를 지을 때 왜 이 노래를 불렀을까요?
  - 농사가 잘 지어지기를 바라는 마음에서 불렀다.
  - 가을이 되어 추수를 할 때, 모든 사람들이 힘을 내서 즐겁게 일을 하기 위해 불렀다.
  - 추수를 끝내고 마을 사람들이 모여 기쁜 마음으로 놀이 할 때 흥겨운 분위기를 만들기 위해 불렀다.

○ 노랫말 자료를 보며 교사를 따라서 읽어 본다.

○ 다시 한 번 감상한다.

집단형태

대집단활동

활동유형

노래

활동자료

노랫말 자료, 게시판, 장구, 별달거리가 녹음된 카세트테이프나 연주 영상 자료

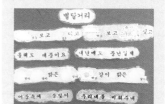

'별달거리' 노랫말 자료

TIP 1 사전활동으로 사물악기 탐색, 사물놀이 감상활동을 실시한다.

TIP 2 유아들이 악기 소리를 집중해서 들을 수 있도록 처음에는 연주 소리만 감상하고, 이후 동영상을 통해 소리와 연주 모습을 함께 감상한다. '별달거리' 동영상은 김덕수 사물놀이패 공연을 참고할 수 있다.

■ 선생님이 부르는 노래를 들어 보세요.
○ 교사가 장구 장단에 맞추어 운율을 넣어 부른다.
　■ 이 노래는 사물악기를 연주하며 불렀어요.
　■ 선생님이 사물악기 중에 장구를 연주하며 불러 볼게요.
○ 교사가 한 소절씩 부르면 유아들이 따라서 부른다.

유의점
■ 사물놀이 중 '별달거리'는 박자가 빠르므로 유아들과 노래를 배울 때에 본래
빠르기보다는 느리게 부른다. 유아들이 노랫말과 장단에 익숙해지면 점차 빠르
게 부른다.

관련활동
■ 악기연주 '사물악기' (116쪽 참고)
■ 율동 '풍물놀이' (55쪽 참고)
■ 과학 '달 모양 관찰하기' (50쪽 참고)

악 보

별달거리

```
1. 하 늘 보 고 별 을 따 고    땅 을 보 고 농 사 짓 고
2. 올 해 도 - 풍 년 이 요    내 년 에 도 풍 년 일 세
3. 달 아 달 아 밝 은 달 아    대 낮 같 이 밝 은 달 아
4. 어 둠 속 에 불 빛 이 -    우 리 네 를 비 춰 주 네
```

활동 18 풍물놀이

집단형태
대집단 활동

활동유형
율동

활동자료
풍물놀이 음악 및 영상자료 TIP 1, 기록용구, 소고 15개

TIP 1 사물악기로 연주한 세 마치 장단의 풍물놀이곡 20장단에 풍년가의 후렴구('풍년이 왔네~') 부분만 편집한 음악에 맞추어 율동한다.

활동목표

■ 풍물놀이의 유래를 안다.

■ 풍물놀이의 흥겨움을 느낀다.

■ 음악을 들으며 패턴화된 율동을 즐긴다.

활동방법

○ 풍물놀이 음악을 감상하며 풍물놀이에 대해 이야기한다.

■ 옛날 사람들이 즐겨듣던 음악을 들려줄게요.

■ 음악을 들으니 어떤 느낌이 드나요?

• 신난다.

■ 이 음악은 옛날 사람들이 농사일을 할 때 즐겨 들었던 음악이에요.

■ 왜 신나는 음악을 들으며 농사를 지을까요?

• 일이 힘들기 때문에 신나는 음악을 들으면서 힘을 내려고

• 풍년이 들기를 바라는 마음에서

○ 풍물놀이 동영상 자료를 보면서 풍물놀이에 사용된 악기, 연주 방법 등에 대하여 알아본다.

■ 어떤 악기들을 사용하여 연주했나요?

• 사물악기(북, 장고, 징, 꽹과리)에 소고, 태평소(날라리) 등의 악기를 함께 사용했다.

■ 어떤 옷을 입고 연주했나요?

• 흰옷을 입고 빨강, 파랑, 검정 띠를 둘렀다.

• 긴 술이 달린 모자인 상모도 썼다.

■ 어디를 돌아다니며 연주했나요?

• 이 논, 저 논으로 뛰어다니면서 흥겹게 춤도 추며 연주한다.

○ 율동 활동을 소개한다.

■ 우리도 풍물놀이에 맞추어 춤을 출 거예요.

■ 이 율동은 여러 명이 소고를 치면서 줄지어 돌아다니며 하는 율동이에요.

○ 음악을 듣고 각 동작을 소개한다.

■ 율동할 음악을 먼저 들어 봅시다.

■ 음악에서 노래가 나오는 부분과 노래 없이 악기 연주만 나오는 부분으로 나누어서 동작을 할 거예요.

① 줄지어 스키핑하기(세마치장단)
　■ 노래 없이 악기 연주로만 된 부분은 줄지어 스키핑을 해요.
　■ 누가 나와서 줄지어 스키핑하는 모습을 보여줄 수 있나요?
　　• 5~6명이 나와서 동작을 한다.
　■ 줄의 가장 앞에 서는 사람을 '선두'라고 해요. 선두를 따라 뒷사람들이 움직이기 때문에 선두의 역할이 중요해요.
　■ 다같이 줄지어 스키핑해 봅시다. ⓣIP 2

② 원 대형으로 서서 어깨춤추기(풍년가 후렴 부분)
　■ 노래가 나오는 부분에서는 어깨춤을 출 거예요.
　■ 어깨춤은 어떻게 출 수 있나요?
　　• 어깨를 들썩거리거나 부드럽게 움직인다.
　■ 앉아서 어깨춤을 춰 봅시다.
○ 음악에 맞추어 율동해 본다.
○ 소고를 치며 동작을 연습해 본다.
　■ 풍물놀이에서는 어떤 악기를 들고 다니며 연주했나요?
　　• 북, 장구, 징, 소고, 꽹과리, 태평소 등
　■ 우리는 소고를 들고 다니며 연주할 거예요. 줄지어 스키핑을 할 때 소고를 치는 거예요.
　■ 다 함께 한쪽 손을 소고라고 생각하고 손바닥과 손등을 번갈아 쳐 보세요. ⓣIP 3
　■ 어깨춤을 출 때에는 소고를 든 채로 추면 돼요.
　■ 누가 나와서 소고를 치며 율동해 볼까요?
○ 유아들이 반 집단씩 나와서 율동한다. 의자에 앉아 있는 유아들은 율동하는 유아들을 관찰한다.
○ 율동을 평가한다.
　■ 어떤 점이 재미있었나요?
　■ 율동할 때 불편한 점이 있었나요? 어떤 점을 주의해야 할까요?
　　• 선두에 서는 사람은 뒤에 선 사람들끼리 부딪히지 않도록 교실을 넓게 돌아다닌다.
○ 전체 유아가 함께 율동을 한다.

율 동
　■ 집단의 크기, 장소 등의 여건에 따라 음악의 길이를 조정한다. 다음은 유아 40~60명을 3집단으로 나누어 음악이 4번 반복되는 동안 율동하는 예이다.

ⓣIP 2 교사가 선두가 되어 원, 선, 태극 모양 등 다양한 모양을 시범 보인다.

ⓣIP 3 유아들이 앞에 나와서 소고를 치며 율동하기 전에 앉아서 손동작을 충분히 연습하게 한다.

설명	대형
① 세마치장단의 풍물놀이 음악에 맞추어 각 집단별(A, B, C)로 줄을 지어 소고를 치면서 스키핑으로 뛴다. 이때 줄의 움직임에 따라 다양한 모양이 만들어진다.	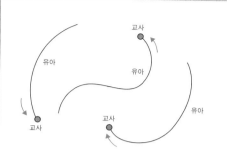
② 풍년가가 시작되면 어깨춤을 추면서 각 집단별로 원을 만들고 풍년가가 끝날 때까지 어깨춤을 춘다. 풍년가도 함께 부른다(어깨춤 외에도 제자리에서 머리 돌리기, 온몸 돌리기, 앉아서 옆으로 재주넘기 등도 할 수 있다.)	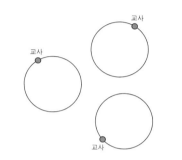
③ 풍년가가 끝나고 다시 세마치장단의 풍물놀이 음악이 시작되면 선두를 따라 스키핑을 하며 ①의 동작을 반복한다.	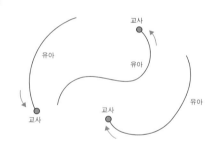
④ ①~③까지를 2~4회까지 상황에 따라 정한 길이만큼 반복한다.	
⑤ 마지막 회의 풍년가가 끝나고 다시 세마치장단의 사물악기 연주가 시작되면 선두를 따라 스키핑으로 뛰면서(①의 동작), A의 후미와 B의 선두, B의 후미와 C의 선두를 이어 한 줄로 만든다.	

설명	대형
⑥ 풍년가가 나오면 A, B, C가 한 집단이 되어 큰 원을 하나로 만들고 어깨춤을 춘다(②의 동작).	
⑦ 풍년가가 끝나면 A의 선두를 따라 한 줄로 모양을 이루며 뛴다(①의 동작).	
⑧ 한 집단이 되어 뛰면서 자리로 돌아가 율동을 끝내거나 또는 ⑥~⑦을 1회 더 반복한 뒤 끝낼 수 있다.	

유의점

■ 한 차시에 풍물놀이 음악감상과 율동을 모두 진행하기보다는 차시를 나누어 전개하는 것이 효과적이다. (예: 1차시 − 음악 감상, 각 집단별로 줄을 서서 소고를 치며 스키핑하기, 원대형으로 서서 어깨춤 추기 / 2차시 − 여러 집단이 한 원을 만들어 소고 치며 어깨춤 추기 등)

관련활동

■ 이야기나누기 '여러 가지 국악기 − 타악기' (119쪽 참고)
■ 악기연주 '사물악기' (116쪽 참고)

활동 19 개천절

집단형태
대집단활동

활동유형
사회

활동자료
달력, '단군신화' 또는 '개천절' 이야기가 담긴 그림책

활동목표

■ 개천절의 의미를 안다.

■ 우리나라의 역사에 관심을 갖는다.

활동방법

○ 달력을 보며 개천절을 살펴본다.

■ 10월 3일이 어떤 날인지 알고 있나요?

• 개천절

○ 개천절에 대하여 이야기 나눈다.

■ 개천절은 무슨 날일까요? 무엇을 축하하기 위한 날일까요?

• 우리나라가 처음 세워진 날을 기념하고 축하하는 날이다.

○ 우리나라의 건국 역사에 대하여 이야기 나눈다.

■ 우리나라는 43○○(서기 년도+2333)년 전에 세워졌어요.

■ 우리나라가 '대한민국' 으로 불리기 전에 어떤 이름으로 불렸는지 알고 있나요?

• 조선, 고려, 신라, 고구려, 백제, 가야, 발해 등

■ 우리나라 사람들이 이 땅에 가장 먼저 세운 나라의 이름은 '고조선' 이에요. 우리나라는 '고조선' 으로 시작해서 지금의 대한민국이 되었어요.

■ 누가 고조선을 만드셨을까요?

• 전해 내려오는 이야기에 의하면 단군이란 분이 백두산 근처에서 나라 이름을 '고조선' 이라 하고 우리나라를 처음 세우셨다고 한다.

○ 단군 신화 이야기를 들려준다.

■ 옛날 하늘나라에는 '환인' 이라는 임금님이 살고 계셨어요. 임금님은 아들인 '환웅' 을 하늘 아래 세상으로 내려 보내시며 서로 사랑하고 돕는 나라를 만들라고 하셨어요. 환웅은 땅으로 내려왔는데, 땅에는 호랑이와 곰이 살고 있었어요. 호랑이와 곰은 무척 사람이 되고 싶었어요. 환웅은 호랑이와 곰에게 쑥과 마늘을 주면서 굴속에서 백일 동안 먹으며 지내면 사람이 될 것이라고 말씀하셨어요. 호랑이와 곰은 환웅에게서 쑥과 마늘을 받아 굴속에 들어갔어요. 그런데 호랑이는 백일을 참지 못하고 굴 밖으로 나가 버려서 사람이 되지 못했어요. 곰은 백일 동안 잘 참고 견뎌서 사람이 될 수 있었어요. 여자가 된 곰은 환웅과

결혼해서 아들을 낳았는데, 바로 '단군'이에요. 단군은 자라서 우리나라를 세웠어요. 단군이 우리나라를 세운 날이 '개천절'이에요.

○ 국기를 게양하는 이유와 방법에 대해 소개한다.

- 해마다 10월 3일이 되면 사람들은 나라의 생일을 축하했어요.
- 우리나라 사람들은 개천절과 같이 나라의 기쁨을 축하하는 일이나 큰일을 기념하는 날에 모든 사람들이 참여할 수 있도록 우리나라 국기인 태극기를 집에 달기로 하였어요.
- 아파트나 연립주택에 사는 사람들은 베란다의 중앙이나 왼쪽에 걸고, 대문이 있는 단독주택에 사는 사람들은 대문의 중앙이나 왼쪽에 걸면 되요.
- 내일(10월 3일)은 유치원에 오지 않고 집에서 나라가 태어난 날을 기뻐하며, 우리나라 사람들끼리 약속한 대로 태극기를 꼭 달도록 해요.

2. 전통놀이

집단형태

대집단 활동

활동유형

신체(게임)

활동자료

투호용구(화살 **TIP 1**, 항아리)

활동대형

평평한 바닥에 항아리를 놓고 둘레에 반지름 2m 정도의 원을 그어 유아들이 둘러서서 게임할 수 있게 준비한다.

⊕ 표지는 각 편의 화살통을 나타냄.

TIP 1 화살은 나무 막대를 50cm 길이로 잘라 한쪽 끝에 사인펜 뚜껑을 끼우고 다른 한쪽 끝에는 비닐끈을 매달아 만든다. 편 표시를 할 수 있도록 편 색깔 리본을 달거나 색테이프를 붙여 놓는다.

화살 만들기

TIP 2 본 활동을 하기 전 유아들이 실외자유선택활동 시간에 교사의 지도를 받으며 투호를 충분히 익히도록 한다.

활동목표

■ 투호의 놀이 방법에 알고 익힌다.

■ 목표물을 맞추기 위해 팔의 힘을 알맞게 조절한다.

활동방법

○ 반원 대형으로 교사와 유아가 마주 보고 앉은 상태에서 게임 방법을 소개한다.

■ 마당에서 투호를 해보았나요? **TIP 2** 어떻게 하는 놀이인가요?

• 화살을 던져 항아리에 넣는 놀이이다.

■ 오늘은 세 편(빨간편, 노란편, 파란편)으로 나누어서 투호를 할 거예요.

■ (그림을 그리며) 게임을 하려면 무엇이 필요한가요?

• 항아리와 화살이 필요하다.

■ 각 편의 색깔에 맞게 화살에 색깔 표시를 해 두었어요. 어떤 표시가 보이나요?

• 빨간색, 노란색, 파란색 비닐끈을 달고 색테이프를 붙여 놓았다.

■ 바닥을 보세요. 항아리 둘레에 큰 원을 그려 놓았어요. 원의 빨간색 선에는 빨간편이, 노란색 선에는 노란편이, 파란색 편에는 파란편이 서는 거예요.

■ 선생님이 신호를 하면 각 편에서 한 명씩, 세 명이 동시에 항아리를 향해 화살을 던져요. 모든 어린이들이 같은 거리에서 던져야하므로 선을 밟고 선 상태에서 던져야 해요.

■ 각 편의 사람들은 자기 차례가 되면 자기편 화살통에서 화살을 들고 준비하세요.

○ 세 편의 수가 같은지 알아보고, 세 편의 수가 다를 때는 유아들과 의논하여 인원 수를 같게 한다.

○ 게임 대형으로 선다.

○ 게임 연습을 하고 주의하여야 할 점에 대하여 이야기를 나눈다.

■ 연습으로 모두 한 번씩 화살을 던져 볼 거예요. 화살을 항아리에 넣으려면 힘을 어느 정도 주어야 하는지 생각하며 던져 보세요.

■ 게임을 할 때 어떤 점을 조심해야 할까요?

• 너무 세게 던지면 맞은편 사람이 맞을 수 있기 때문에 힘을 적당히 준다.

• 친구들이 게임할 때에 바닥에 떨어진 화살을 주으러 가지 않는다. 친구가 던지는 화살에 맞을 수 있다.

○ 게임을 한다.

○ 게임을 평가한다. **T**IP 3

　■ 항아리에 어느 편의 화살이 가장 많이 들어갔는지 확인해 봅시다.

　■ 각 편에서 한 명씩 나와서 자기편의 화살을 하나씩 꺼내어 세어 봅시다.

　■ 어느 편의 화살이 가장 많나요?

○ 2차 게임을 한다.

관련활동

　■ 실외 영역 ‘판제기 치기’ (65쪽 참고)

　■ 조형 ‘제기 만들기’ (64쪽 참고)

　■ 신체(게임) ‘사방치기 판 건너 판제기 치고 돌아오기’ (66쪽 참고)

　■ 신체(게임) ‘다리세기’ (68쪽 참고)

전통놀이

TIP 3 평가를 할 때 바닥에 떨어져 있는 화살의 수로 승부를 확인할 수도 있다.

제기 만들기

집단형태

자유선택활동

활동유형

조형 영역

활동자료

제기, 비닐봉지 **TIP 1**, 페트병의 뚜껑, 지점토 또는 찰흙, 고무줄, 나무젓가락, 매직펜

TIP 1 잘라서 한 겹으로 넓게 펼친 후, 20×20cm 크기로 자르거나 지름 25cm 원 모양으로 잘라 준비한다.

TIP 2 교사가 제기차기 시범을 보이거나 사진을 보여준다.

TIP 3 유아들이 발로 제기를 차올리고 받기 어려우므로 제기를 나무젓가락에 묶어 곧게 차올리고 받는 연습을 하게 한다.

활동목표

■ 제기차기 놀이 방법을 알고 익힌다.

■ 제기의 생김새를 안다.

활동방법

○ 제기차기 놀이 방법에 대해 이야기 나눈다.

■ (제기를 보며) 이것이 무엇인지 알고 있나요?

• 제기

■ 제기차기는 어떻게 하는 놀이인가요? **TIP 2**

• 제기가 땅에 떨어지지 않도록 발로 계속 차올리는 놀이이다.

• 제기를 위로 던진 후 내려오는 제기를 발로 차서 위로 올린다.

○ 제기 만드는 방법을 설명한다.

■ 제기를 만들어 마당 놀이 시간에 제기차기를 할 거예요.

■ 어떻게 만드는 지 알아봅시다(교사가 시범을 보이거나 먼저 활동에 참여한 유아가 만든 작품을 보며 설명한다).

■ 먼저 비닐봉지에 매직펜으로 그림을 그리세요.

■ 병뚜껑 안에 찰흙을 넣으세요. 찰흙을 병뚜껑에 꽉 채워 넣으면 차올리기 알맞게 병뚜껑이 무거워져요.

■ 찰흙을 넣은 병뚜껑을 비닐봉지로 감싸고 고무줄로 묶어 고정하세요. 이때 고무줄의 한 쪽을 길게(약 50cm) 남겨 두세요. 선생님과 함께 묶어 봅시다.

■ 길게 남겨 둔 고무줄을 나무젓가락에 묶으세요. **TIP 3**

○ 마당놀이 시간에 제기차기 놀이를 한다.

관련활동

■ 신체(게임) '사방치기판 건너 판제기 치고 돌아오기' (66쪽 참조)

■ 실외 영역 '판제기 치기' (65쪽 참조)

■ 신체(게임) '투호' (62쪽 참조)

■ 신체(게임) '다리세기' (68쪽 참조)

활 동 3 판제기 치기

활동목표

- 판제기 치기 놀이 방법을 알고 익힌다.
- 팔의 근력과 눈과 손의 협응력을 기른다.

활동방법

○ 제기에 대해 이야기를 나눈다.

- (제기를 보여주며) 이것은 무엇인가요?
  - 제기
- 제기는 어떻게 하는 놀이인가요?
  - 제기가 땅에 떨어지지 않도록 발로 계속 차올리는 놀이이다.
- 제기는 몸의 어느 부분으로 차올리나요?
  - 발로 차올린다.

○ 판제기 치기 방법을 소개한다.

- 발이 아닌 물건으로 제기를 차올릴 수 있어요. (제기판을 보여주며) 이것은 제기판이에요. 제기판으로 어떻게 제기를 차올릴 수 있을까요?
  - 판 위에 제기를 올려놓고 위로 힘껏 쳐서 올리는 거예요.
- 선생님이 제기판으로 제기를 쳐 볼게요.
- 제기가 어떻게 되나요?
- 제기가 공중에 잘 오르려면 어떻게 해야 할까요?
  - 제기가 판의 가운데 오게 하여 위로 힘껏 쳐 올린다.

○ 판제기를 할 때 주의할 점에 대해 이야기를 나눈다.

- 판제기를 할 때 어떤 점을 주의해야 할까요?
  - 제기만 바라보며 판제기를 칠 경우 주변에 있는 사람들과 부딪칠 수 있으므로 주변을 살피며 판제기를 쳐야한다.
- 앞으로 마당놀이 시간에 제기와 제기판을 준비해 줄 거예요. 판제기 치기를 해 보세요.

○ 마당놀이 시간에 판제기 치기를 한다.

관련활동

- 신체(게임) '사방치기판 건너 판제기 치고 돌아오기' (66쪽 참고)

집단형태
자유선택활동

활동유형
실외 영역

활동자료
제기판 **T** IP , 제기

'판제기판' 활동자료

T IP 얇고 둥근 나무판에 유아들과 아크릴물감으로 나무판을 꾸민 후 그 위에 마감재를 발라 제기판으로 사용할 수 있다.

판제기 치기

활동 4 사방치기판 건너 판제기 치고 돌아오기

'사방치기판 건너 판제기 치고
돌아오기' 게임 대형

T IP 유아들이 마당놀이 시간에
사방치기, 판제기 치기 놀이를 충
분히 익힌 후 본 활동을 실시한다.

활동목표
- 사방치기의 놀이 방법을 알고 익힌다.
- 판제기 치기 놀이 방법을 알고 익힌다.
- 게임의 규칙을 알고 지킨다.

활동방법 T IP
○ 유아들이 두 편으로 나누어 마주 보고 앉는다.
○ 양편의 수가 같은지 확인한다.
○ 사방치기와 판제기 치기 놀이 방법을 회상한다.
  - 우리 앞에 놓인 놀이 기구로 어떤 놀이를 할 수 있나요?
    • 사방치기, 판제기 치기
  - 사방치기는 어떻게 하는 놀이인가요?
    • 1단부터 8단까지 각 칸에 돌을 던진다.
    • 돌이 있는 칸을 뺀 다른 칸을 한 발 또는 두 발로 밟고 갔다가 되돌아오는 길에 돌을 줍는다.
  - 누가 나와서 친구들에게 사방치기 하는 모습을 보여줄 수 있나요?
  - 사방치기를 할 때는 어떤 약속을 지켜야 하나요?
    • 선을 밟지 않는다.
    • 한 칸을 한 발로 딛는다.
  - 판제기 치기는 어떻게 하는 놀이인가요?
    • 판으로 제기를 차올리는 놀이이다.
    • 판으로 제기를 쳐서 제기를 높이 올린다. 내려오는 제기를 다시 판으로 쳐서 올린다.
  - 누가 나와서 친구들에게 판제기 치는 모습을 보여줄 수 있나요?
  - 판제기 치기 놀이를 할 때 어떤 약속을 지키기로 했나요?
    • 제기를 가슴보다 높이 올라가도록 친다.
○ 게임 방법을 소개하고 교사와 유아가 시범 보인다.
  - 사방치기판을 건너 판제기를 2번 치고 돌아오는 게임을 할 거예요.
  - 사방치기판을 건널 때는 돌을 던지지 않고 1단부터 8단까지 순서대로 건너세요.

- 7단과 8단을 밟은 후에는 뒤돌아 돌아오지 않고 판제기가 있는 곳으로 달려가요.
- 판제기로 제기를 2번 찬 후 출발점으로 돌아오세요.

○ 게임을 할 때 어떤 규칙을 지켜야 할까요?

- 사방치기판의 선을 밟거나 틀린 방법으로 디뎠을 때에는 처음부터 다시 건넌다.
- 제기가 땅에 떨어지면 주워서 다시 친다. 떨어지기 전 세었던 숫자부터 다시 센다.

○ 평가 방법을 소개한다.

- 규칙을 지키고 먼저 들어온 사람이 속한 편에게 고리를 한 개 걸어 줄게요. 고리의 수가 많은 편이 이기는 게임이에요.

○ 게임을 한다.

○ 평가를 한다.

○ 2차 게임을 하고 평가를 한다.

관련활동

- 실외 영역 '판제기 치기' (65쪽 참고)
- 조형 영역 '제기 만들기' (64쪽 참고)
- 신체(게임) '투호' (62쪽 참고)
- 신체(게임) '다리세기' (68쪽 참고)

사방치기판 건너기

판제기 치기

활동 5 다리세기

집단형태

대집단활동

활동유형

신체(게임)

활동자료

기록용구(화이트보드, 보드마카펜)

활동대형

4~5명의 유아가 모둠을 이룬다. 각 모둠의 유아들이 두 줄로 마주 앉아 다리를 쭉 뻗고 한 다리씩 어긋나게 낀다.

TIP 1 전래동요 '이거리저거리각거리'나 '숫자풀이'와 같이 8소절 이하로 구성된 짧은 노래를 부르며 게임한다.

TIP 2 이긴 사람들끼리 모여 게임을 함으로써 학급 전체의 최종 우승자를 알아볼 수 있다. 이 경우 토너먼트 승부 진행 상황을 그림이나 표로 그려 기록한다.

결승전을 할 때 다른 유아들은 경기를 잘 볼 수 있도록 반원으로 둘러앉는다.

활동목표

■ 전통놀이를 생활 속에서 즐기는 태도를 기른다.

■ 일대일대응 능력을 기른다.

활동방법

○ 4~5명씩 모둠을 이루어 모둠별로 모여 앉는다.

○ 민속놀이인 '다리세기' 게임을 소개한다.

■ 투호나 사방치기처럼 옛날부터 전해 내려오는 놀이를 민속놀이라고 해요. 오늘은 '다리세기'라고 하는 민속놀이를 할 거예요.

■ '다리세기' 놀이 방법을 알려 줄게요.

• 두 줄로 마주 보고 앉아 다리를 쭉 뻗고 한 다리씩 서로 어긋나게 끼운다.

• 술래를 맡은 사람이 노래에 맞추어 다리를 차례로 친다.

• 노래의 마지막 박에 걸린 다리는 오므린다. 또 노래를 부른다.

• 한 발씩 거두어들이면서 마지막까지 남은 다리의 임자가 이기는 게임이다.

○ 모둠별로 게임을 한다. **TIP 1**

○ 각 모둠별 이긴 사람들이 모여 다시 게임을 한다. **TIP 2**

■ 이 모둠에서 누가 이겼나요?

■ 이긴 사람들끼리 모여서 게임을 해봅시다.

다리세기

관련활동

■ 신체(게임) '투호'(62쪽 참고)

■ 실외 영역 '판제기 치기'(65쪽 참고)

■ 신체(게임) '사방치기판 건너 판제기 치고 돌아오기' (66쪽 참고)

■ 조형 영역 '제기 만들기' (64쪽 참고)

악보

이거리저거리각거리

1. 이 거 리 저 거 리 각 거 리   천 사 만 ― 사 다 만 ― 사
2. 한 다 리 두 다 리 세 다 리   인 사 만 ― 사 주 머 니 끈
3. 한 다 리 두 다 리 세 다 리   너 희 삼 ― 촌 어 디 갔 니

조 리 김 치 장 독 간   총 ― 채 비 파 리 딱
칠 팔 월 에 무 사 리   동 지 섣 달 대 사 리
자 전 거 를 고 치 러   오 꽁 조 꽁 부 지 깽

활동
 6 강강술래

집단형태

대집단활동

활동유형

율동·노래

활동자료

강강술래 사진 및 영상자료, 강강술래 유래에 대한 그림자료, 노랫말 자료, 노래를 녹음한 카세트테이프나 CD, 카세트테이프 플레이어나 CD 플레이어

강강술래 유래에 대한 그림자료

강강술래 노랫말 자료

활동목표

- 강강술래의 유래를 안다.
- 강강술래 율동 방법을 익힌다.
- 전통문화에 친숙해지고 관심을 가진다.

활동방법

| 노래 |

○ 강강술래에 대해 소개한다.

- (강강술래 하는 사진을 보며) 무엇을 하는 모습인가요?
  - 한복을 입은 여자들이 손을 잡고 보름달을 보면서 춤을 춘다.
- 어떤 춤인지 알고 있나요?
  - 강강술래
- 강강술래 춤을 본 적 있나요? 어떻게 추는 춤인가요?
  - 보름달이 뜨는 날 밤 여자들이 모여서 추는 춤이다.
  - 둥글게 둘러서서 서로 손을 잡고 한쪽으로 돈다.
  - 춤을 출 때 강강술래 노래를 부른다.

○ 그림자료를 활용하여 강강술래의 유래에 대해 이야기한다.

- 강강술래는 옛날부터 전해 내려오는 춤이에요. 이 춤이 어떻게 시작되었는지에 대한 이야기를 들려줄게요.
- 지금부터 약 420년 전 일이에요. 우리나라 조선시대에 일본이 우리나라에 쳐들어와서 '임진왜란'이라는 전쟁이 일어났어요. 바다를 지키는 장군 중에는 '이순신'이라는 장군이 계셨어요. 이순신 장군을 들어 본 적이 있나요? 이순신 장군은 어떻게 하면 우리나라가 전쟁에서 이길 수 있을까 여러 가지 생각을 해보았어요. 이순신 장군은 일본군보다 우리나라 군인이 많으면 일본군이 겁을 낼 거라고 생각했어요. 하지만 우리나라에는 군인이 많지 않았어요. 그래서 이순신 장군은 어떻게 했을까요? 여러분이라면 어떻게 했을 것 같나요?
- 이순신 장군은 어떻게 하면 우리의 군인이 많은 것처럼 보일 수 있을지 생각했어요. 이순신 장군은 강에 뿌연 횟가루를 풀어 마치 쌀을 씻은 물로 보이게 해서, 우리나라의 군인이 매우 많다고 생각하게 했어요. 그리고는 달이 밝은 밤에

동네 여자들에게 바다에서 잘 보이는 높은 산에 올라가서 강강술래 노래를 부르면서 빙빙 돌며 춤을 추게 했어요.

■ 어느 날 밤에 일본군이 바다에서 바라보니까 땅에서 사람들 소리가 크게 들리고 많은 사람이 움직이고 있는 것이 보였어요. 그래서 일본군들은 '조선에는 아직도 용감한 군인들이 많아서 밤에도 저렇게 싸울 준비를 하고 있구나.' 생각하고 겁을 냈어요. 그 후 일본군들은 이순신 장군과의 싸움에서 지고 일본으로 되돌아갔다고 해요. 이때부터 매년 8월 보름달이 뜨는 날, 둥근달 아래 여자들이 모여서 노래하면서 춤을 추었는데 그 춤이 바로 강강술래예요.

○ 강강술래 영상자료를 감상한다.

　　■ 사람들이 어떻게 춤을 추는지 잘 살펴보세요.

○ 노래자료를 활용하며 노랫말을 익힌다.

○ 교사와 유아가 함께 부른다.

| 율동 |

○ 강강술래 노래를 부르며 모여 앉는다.

○ 강강술래 영상자료를 감상한다.

　　■ 강강술래 노래에 맞추어 율동을 할 거예요.

　　■ 영상물을 보면서 강강술래 율동을 어떻게 하는지 생각해 보세요.

　　■ 율동을 어떻게 했나요?

　　　　• 여러 사람이 동그라미를 만들어 손을 잡고 한 방향으로 돌았다.

　　　　• 동그라미였던 줄이 달팽이처럼 말리고 풀렸다.

○ 각 동작을 소개한다.

① 원을 만들어 돌기

　　■ 강강술래는 어떤 모양으로 율동하나요?

　　　　• 동그라미

　　■ 손을 잡고 옆으로 돌 거예요.

　　■ 선생님이 발을 어떻게 움직이는지 잘 보세요.

　　　　• 오른발을 앞으로 내딛은 후 왼발을 오른발 뒤꿈치에 붙이고, 다시 오른발을 앞으로 내딛는다. 이때 고개를 아래로 향해 바닥을 본다.

　　　　• 반대로 왼발을 앞으로 내딛은 후 오른발을 왼발 뒤꿈치에 붙이고, 다시 왼발을 앞으로 내딛는다. 이때 고개를 들어 하늘을 쳐다본다.

　　　　• 이 발동작을 반복한다.

　　■ 모두 앉은 자리에서 선생님처럼 발을 움직여 봅시다. 🅣IP 1

　　■ 고개도 같이 움직여 보세요.

　　■ 노래에서 '강강술래'가 나오는 곳에서는 이렇게 움직이는 거예요.

　　■ 앞으로 나와서 발 움직이는 연습을 해봅시다. 🅣IP 2

🅣IP 1　노래의 리듬과 발 움직임을 자연스럽게 연결할 수 있도록 발을 움직일 때 '강강술래' 부분을 불러준다.

🅣IP 2　2~3명의 유아가 앞에 나와 율동하는 것을 본 후, 유아들이 어려워하는 부분이 있으면 교사가 정확하게 다시 동작을 보여준다.

■ 동그라미를 만들어서 움직여 봅시다.

② **제자리에 서서 각 동작하기**

■ 1절 노래를 불러 보세요.

■ '저 달 속에 옥토끼가 떡방아를 찧는다네' 부분에서는 어떻게 움직이는지 보여 줄게요.

  • 제자리에 서서 무릎을 굽혔다 편다.

  • 서로 잡았던 손을 놓고 두 팔을 위로 올린 채 좌우로 흔든다.

■ 모두 자리에서 일어나서 동작을 해봅시다.

■ 2절 노래를 불러 보세요.

■ '찰떡 찰떡 맛이 좋은 송편을 찌지요' 부분에서는 어떻게 움직이는지 보여줄게요.

  • 제자리에 서서 팔을 양옆으로 벌린다. 한 팔씩 위로 올렸다가 귀에 스치듯이 대면서 어깨까지 내리고 바깥쪽으로 뻗는다.

  • 무릎을 굽혔다 편다.

■ 모두 자리에서 일어나서 해봅시다.

■ 3절 노래를 불러 보세요.

■ '햇곡식을 차려 놓고 절을 드리고 오세요' 부분에서는 어떻게 움직이는지 보여 줄게요.

  • 제자리에 서서 팔을 아래로 내리고 한 팔은 배 앞에서, 한 팔은 허리 뒤에서 양옆으로 엇갈려 움직인다.

  • 팔을 바꾸어서 움직인다.

  • 무릎을 굽혔다 편다.

■ 모두 자리에서 일어나서 해봅시다.

■ 4절 노래를 불러 보세요.

■ '송편을 만들어서 우리 같이 나눠 먹세' 부분은 1절과 똑같아요.

■ 지금까지 연습한 동작들을 이어서 처음부터 끝까지 해봅시다. 누가 나와서 해보겠나요?

○ 강강술래 율동을 해본다.

○ 율동 동작을 평가한다.

■ 어떤 점이 재미있었나요? 어떤 모습이 아름다웠나요? 어떻게 하면 더 아름답게 움직일 수 있을까요?

③ **대형 바꾸어 율동하기 - 원 감고 풀기**

○ 율동하면서 원 대형을 감고 풀 것임을 이야기한다.

■ 지금까지 어떤 모양으로 서서 율동했나요?

  • 동그라미

■ 이번에는 동그라미 모양을 달팽이집처럼 돌돌 말았다가 풀면서 율동을 해볼 거

'강강술래' 율동하기

예요.

○ 원 대형을 말고 푸는 방법에 대해 이야기 나눈다.

■ 동그라미 모양을 달팽이집 모양으로 바꾸는 방법을 알려 줄게요.

• 원을 만든 사람 중 한 명이 옆 사람과 잡았던 손을 놓고 원 안으로 동그란 모양을 만들면서 들어간다. IP 3

■ 반대로 달팽이집 모양을 동그라미 모양으로 다시 푸는 방법을 알려 줄게요.

• 모두 뒤를 향해 돌아선다.

• 줄의 마지막에 있던 사람이 맨 앞사람이 되어 앞으로 나아가면서 다시 동그라미 모양으로 만들어 나간다. 🅣IP 4

○ 원 대형을 말고 풀 때 유의점에 대해 이야기 나눈다.

■ 달팽이 모양을 만들거나 다시 동그라미 모양으로 만들 때 주의해야 할 점이 있어요.

• 서로 잡은 손을 놓치지 않도록 주의하면서 천천히 움직인다.

• 앞쪽에서 가는 사람들은 조금 천천히, 뒤쪽에서 따라가는 사람들은 조금 빠르게 움직여야 줄이 끊어지지 않는다.

○ 반 집단씩 나와서 교사와 함께 원을 감고 푸는 동작을 한다.

○ 전체 유아가 나와 율동을 한다.

🅣IP 3 화이트보드에 그림을 그려가며 설명해 준다.

감기

풀기

🅣IP 4 원의 맨 앞, 뒤에 서는 역할은 교사가 맡아 유아들이 잘 따라올 수 있도록 인솔한다.

율동동작

설명	그림
① 강강술래 강강술래(노래를 천천히 늘여서 부름) 동그랗게 서서 손을 잡는다. 천천히 무릎을 굽혔다 펴면서 손을 원의 안팎으로 흔든다.	
② 강강술래 강강술래 '강—강—' : 오른발을 앞으로 내딛은 후, 왼발을 오른발 뒤꿈치에 붙이고 다시 오른발을 앞으로 내딛는다(투스텝). 이때 고개를 아래로 향해 바닥을 본다. '술—래—' : 반대로 왼발을 앞으로 내딛은 후, 오른발을 왼발 뒤꿈치에 붙이고 다시 왼발을 앞으로 내딛는다(투스텝). 이때 고개를 들어 하늘을 쳐다본다. ①을 제외한 '강강술래' 부분은 모두 동일한 동작을 한다.	오른발 ← ← 강강 왼발 술래

설명	그림
③ 1절 : 저 달 속에 옥토끼가 떡방아를 찧는다네 잡았던 손을 놓고 제자리에 선다. 무릎을 굽혔다 펴면서 팔을 위로 올리고 좌우로 흔든다	
④ 2절 : 찰떡찰떡 맛이 좋은 송편을 찌지요 제자리에 서서 팔을 양옆으로 벌린다. 한 팔씩 위로 올렸다가 귀에 스치듯이 대면서 어깨까지 내리고 바깥쪽으로 뻗는다.	
⑤ 3절 : 햇곡식을 차려 놓고 절을 드리고 오세요 제자리에 서서 팔을 아래로 내리고 한 팔은 배 앞에서, 한 팔은 허리 뒤에서 밀어내듯이 옆으로 움직인다. 팔을 바꾸어서 움직인다.	
⑥ 4절 : 송편을 만들어서 우리 같이 나눠 먹세 ③의 동작과 같다.	
⑦ 강강술래 강강술래(노래를 천천히 늘여서 부름) ①의 동작과 같다.	

유의점

■ 유아들이 노래를 먼저 배워 충분히 익힌 후 율동을 배우도록 한다.

■ 율동 활동을 2차시로 나누어서 1차시에는 원 대형을 유지한 상태로 율동 동작을 익히고 2차시에는 원대형을 감았다가 푸는 동작을 배우도록 한다.

관련활동

■ 이야기나누기 '추석 I – 추석의 의미' (39쪽 참고)

■ 이야기나누기 '추석 II – 추석의 풍속' (41쪽 참고)

악 보

강강술래

집단형태

중집단 활동(약 15명)

활동유형

신체(체육)

활동자료

한삼(약 15벌), 비디오 자료 (탈춤 등 한삼을 끼고 추는 춤), 한삼 그림카드, 빈 카드, 필기구, 장구, 게시판

한삼 그림카드

활동목표

■ 한삼의 생김새를 안다.

■ 그림을 보고 동작으로 표현한다.

활동방법

○ 한삼을 탐색한다.

■ (한삼을 보여주며) 한삼을 본 적이 있나요? 한삼은 언제 사용하는 것인지 알아 봅시다.

• 탈춤을 출 때 손에 낀다.

• 궁중에서 왕과 왕비께 보여드리는 무용을 할 때 손에 낀다.

• 신랑 신부가 결혼을 할 때 손에 낀다.

■ 한삼은 어떻게 생겼나요?

• 긴 천이다. 한쪽 끝에 손을 넣으면 소매를 덧댄 것처럼 보인다.

• 흰색이다. 끝 부분이 색동으로 되어 있는 한삼도 있다.

■ 흰 바탕에 한삼 끝이 색동으로 장식되어 있는 한삼을 '색동한삼'이라고 해요. 흰색으로만 된 한삼은 '백한삼'이라고 해요.

■ 한삼을 만져 본 느낌이 어떤가요?

• 매끈매끈하다.

• 부드럽다.

• 나풀거린다.

○ 한삼의 움직임을 감상한다.

■ 옛날 사람들은 춤 동작이 더 크고 아름답게 보일 수 있도록 팔에 한삼을 끼고 춤을 추었어요.

■ (탈춤 동영상을 감상하며) 한삼의 움직임이 어떠한가요?

○ 한삼을 끼고 움직여 본다.

■ 앞에 놓인 한삼을 끼고 팔을 움직여 보세요.

• 위, 아래, 옆으로, 동그라미를 만들며 움직인다.

○ 한삼의 움직임을 표현한 그림카드를 살펴보고 동작으로 표현한다.

■ 카드에 무엇이 그려져 있나요?

- 여러 가지 모양
- 그림카드에 있는 모양대로 팔을 움직이려고 해요. 어떻게 움직여야 할까요?
  - 위아래로 움직인다.
  - 양옆으로 움직인다.
  - 대각선 방향으로 움직인다.
  - 동그라미를 그리며 움직인다.
- 앞에 나와서 한삼을 끼고 그림카드의 모양대로 움직여 볼 사람들은 손드세요. 다른 사람들도 앉은 자리에서 팔을 움직여 봅시다. ⓣIP
- ○○가 그림 모양대로 팔을 움직였나요?
○ 다른 움직임을 고안해 본다.
- 그림카드에 있는 동작 이외에 또 어떻게 한삼을 움직일 수 있을까요?
- 앞에 나와서 빈 카드에 그림을 그려 줄 수 있는 사람이 있나요?
- ○○가 그려 준 모양대로 한삼을 움직여 봅시다.
○ 유아들이 한삼 그림카드를 선택하여 붙이고 동작으로 표현한다.

유의점
- 한삼을 밟을 경우 미끄러져 넘어질 수 있으므로 주의하도록 한다.

관련활동
- 율동 '한삼춤' (78쪽 참고)

ⓣIP 유아들이 그림을 보고 동작을 표현하는 동안 장구 장단을 연주해 주면 장단에 맞추어 흥겹게 움직일 수 있다.

한삼의 움직임 그려보기

한삼 끼고 원 그리기

집단형태

대집단활동

활동유형

율동

활동자료

한삼(유아 수만큼), 녹음 자료(진도 아리랑), 카세트테이프 플레이어

활동목표

■ 한삼의 생김새를 안다.

■ 전통음악과 춤에 친숙해지고 관심을 갖는다.

■ 노래에 맞추어 규칙성 있는 동작을 표현한다.

활동방법

○ '진도 아리랑' 음악을 감상한다.

■ 방안놀이 시간에 여러 지역의 아리랑을 감상해 보았지요?

■ 여러 아리랑 중 '진도' 지방에서 부르던 '진도 아리랑'을 다 같이 들어 봅시다.

■ 음악을 들으니 어떤 느낌이 드나요?

• 신난다.

• 흥겹다.

• 덩실덩실 춤을 추고 싶다.

■ '진도 아리랑'에 맞추어 율동을 해볼 거예요. 이 율동은 한삼을 끼고 하는 율동이에요.

○ 교사가 음악에 맞춰 한삼춤을 보여준다.

○ 교사가 한 동작씩 정확한 시범을 보이며 동작을 설명한다. **T**IP 1

① **아리 아리랑 스리 스리랑**

■ 양팔을 자연스럽게 앞, 뒤로 흔들면서 앞으로 여섯 걸음 걸어가세요.

■ 고개도 흔들면서 신나는 흥겹게 걸어보세요.

② **아라리가 났네**

■ 같은 방법으로 뒤로 여섯 걸음 걸어가세요.

③ **아리랑 응응응 아라리가 났네**

■ 무릎을 굽히고 배꼽 앞에서 손뼉을 한 번 치세요. 한 발로 뛰면서 한 팔은 위로 한 팔은 아래로 펼치세요. 위로 올리는 손과 같은 쪽 다리의 무릎을 굽혀 들고 다른 발로 제자리에서 뛰는 거예요.

④ **문경새재는 웬 고갠가**

■ 옆을 보고 서서 노를 두 번 저어 보세요. 두 번째 노를 저은 후 한삼을 어깨 위에 걸치고 고개와 몸을 양 옆으로 여섯 번 흔드세요.

TIP 1 유아들이 한삼을 끼지 않은 상태에서 교사의 동작을 따라하게 한다. 율동 동작에 익숙해진 후에 한삼을 끼고 율동한다.

⑤ **구부야 구부구부야 눈물이로다**

- 반대 방향으로 서서 같은 방법으로 율동하세요.

⑥ **아리 아리랑 스리 스리랑 아라리가 났네**

- 처음 동작과 같이 양팔을 자연스럽게 앞, 뒤로 흔들면서 앞으로 여섯 걸음 걸어 가세요.
- 고개도 흔들면서 신나는 흥겹게 걸어 보세요.
- 같은 방법으로 뒤로 여섯 걸음 걸어가세요.

⑦ **노다 가세 노다나 가세**

- 무릎을 굽히고 배꼽 앞에서 손뼉을 한 번 치세요. 한 발로 뛰면서 두 손을 어깨에 대세요. 이때 손에 낀 한삼이 왼쪽 어깨 뒤로 넘어가게 하세요. 한삼을 넘긴 어깨와 같은 쪽 다리의 무릎을 굽혀 들고 다른 발로 제자리에서 뛰는 거예요. 반대 방향으로도 해보세요.
- 이 동작을 2번 반복하세요.

⑧ **저 달이 떴다 지도록**

- 한 팔은 배 앞으로 한 팔은 등 뒤로 엇갈리게 뻗어 한삼을 양옆으로 펼치는 거예요.
- 반대 방향으로 해보세요.

⑨ **노다나 가세**

- 한 팔은 옆으로 뻗고, 다른 한 팔은 어깨에 메고 제자리에서 한 바퀴 돌아보세요.

○ 교사와 2~3명의 유아가 교사의 구령에 맞춰 정확한 동작을 보여준다. **T**IP 2
○ 반집단씩 나와서 교사의 구령에 맞춰 율동을 한다.
○ 율동 동작을 평가한다. **T**IP 3
○ 음악에 맞추어 다함께 율동을 한다.

- '신명나다' 라는 말을 들어본 적이 있나요?
  - 흥겹고 신이 난다는 뜻이다.
- 모두 신명나게 춤을 추었나요?
- 이 율동은 덩실덩실 신나게 춤을 추는 거예요.
- 모두 신명나게 춤을 춰 봅시다.

유의점

- 유아들이 충분한 연습을 통해 율동을 익힐 수 있도록 본 활동을 2차시(동작 익히기 / 한삼을 끼고 음악에 맞추어 율동하기)로 나누어 실시한다.
- 유아들이 한삼을 끼고 율동할 때 다른 유아의 한삼을 밟거나 한삼에 걸려 넘어지지 않도록 주의한다. 한삼의 손목 부분 고무줄을 조절하여 한삼이 벗겨지지 않도록 한다.

TIP 2 유아들의 율동 속도를 고려하여 교사가 구령을 하거나 노래를 불러준다. 유아들이 동작에 익숙해진 후 녹음 자료에 맞추어 율동하게 한다.

TIP 3 유아들이 어려워하는 동작은 교사가 정확하게 시범을 보이며 다시 설명해 준다.

한삼춤 율동하기

- 신체(체육) '그림보고 한삼으로 동작 표현하기' (76쪽 참고)
- 음률 영역 '아리랑 음악감상' (162쪽 참고)

악보

진도 아리랑

동작

설명	그림
① 아리 아리랑 스리 스리랑 양팔을 자연스럽게 앞뒤로 흔들면서 앞으로 여섯 걸음 걸어간다. 고개도 흔들면서 신나는 느낌으로 걷는다.	
② 아라리가 났네 양팔을 자연스럽게 앞뒤로 흔들면서 뒤로 여섯 걸음 걸어간다. 고개도 흔들면서 신나는 느낌으로 걷는다.	
③ 아리랑 응응응 아라리가 났네 무릎을 굽히고 배꼽 앞에서 손뼉을 한 번 친다. 왼발로 뛰면서 오른팔은 위로 왼팔은 아래로 펼친다. 위로 올리는 팔과 같은 쪽 다리의 무릎을 90도로 굽혀 들고 다른 발로 제자리에서 뛴다('아리랑' 부분). 다시 한 번 무릎을 굽히고 배꼽 앞에서 손뼉을 한 번 친다. 오른발로 뛰면서 왼팔은 위로 오른팔은 아래로 펼친다. 위로 올리는 팔과 같은 쪽 다리의 무릎을 90도로 굽혀 들고 다른 발로 제자리에서 뛴다('응응응' 부분). 두 번 반복한다.	
④ 문경새재는 웬 고갠가 몸을 옆으로 돌린 채로 두 팔을 앞으로 뻗어 위로 노젓기 동작을 두 번 한 다음 한삼을 어깨 위에 걸치고 고개와 몸을 양옆으로 흔든다.	
⑤ 구부야 구부구부야 눈물이 난다 ④와 반대 방향으로 몸을 돌린 후 ④의 동작을 반복한다.	

설 명	그 림
⑥ 아리 아리랑 스리 스리랑 아라리가 났네 　①, ②와 같다.	
⑦ 노다 가세 노다나 가세 　몸 아래에 한삼을 모으고 어깨에 번갈 　아 가며 멘다. 한삼을 어깨에 멜 때에 　는 무릎을 90°로 굽혀서 든다. 2회 반 　복 후 반대 방향으로 2회 반복한다.	
⑧ 저 달이 떴다 지도록 　한 팔은 배 앞으로, 한 팔은 등 뒤로 엇 　갈리게 뻗어 한삼을 양옆으로 펼친다.	

설명	그림
⑨ 노다나 가세 한 팔은 옆으로 뻗고, 다른 한 팔은 어깨에 메고 제자리에서 한 바퀴 돈다.	

탈카드 기억 게임

'탈카드 기억 게임' 활동자료

TIP 카드의 종류와 수는 유아들의 수준이나 흥미에 따라 조정한다.

활동목표

- 탈의 생김새를 안다.
- 물체의 방향과 위치를 기억한다.

활동방법

○ 탈카드를 살펴본다.
- 무엇의 사진인가요?
  - 탈
- 탈은 왜 쓰는 걸까요?
  - 자신이 누구인지 감추거나 다른 모습으로 꾸미기 위해 쓴다.
  - 탈을 쓰고 연극을 하거나 춤을 춘다.
○ 놀이하는 방법을 설명한다.
- 여러 가지 모양의 탈 카드가 있어요.
- 같은 모양의 탈 카드가 몇 장씩 있나요?
  - 2장
- 같은 모양의 탈 사진 2장이 한 쌍이에요. 모두 16장, 8쌍의 탈카드가 있어요.
- 줄을 맞추어 카드를 펼치세요.
- 선생님이 10을 세는 동안 어떤 모습의 탈이 어느 곳에 있었는지 기억하세요.
- (10을 센 후) 이제 탈이 안 보이도록 카드를 뒤집으세요.
- 카드를 뒤집어서 같은 무늬 탈 사진 2장을 찾으면 그 2장의 카드를 가져가는 거예요.
- 맞는 짝을 찾은 경우 카드를 가져가고, 다른 짝을 찾은 경우 다시 뒤집어 놓으세요.
○ 게임을 한다.
○ 놀이를 마치고 나서 교구를 분류 · 정리한 뒤 교구장에 가져다 놓는다.

관련활동

- 율동 '한삼춤' (78쪽 참고)

활동 10 이화가족 가을놀이마당

활동목표

- 이화가족 가을놀이마당의 일정을 안다.
- 이화가족 가을놀이마당에 필요한 것을 계획하고 준비한다.

활동방법

○ 이화가족 가을놀이마당이 열리기 약 일주일 전에 이화가족 가을놀이마당에 대하여 이야기를 나눈다. **TIP 1**

- ○월 ○일은 무슨 날인가요?
  - 이화가족 가을놀이마당 **TIP 2**
- 이화가족 가을놀이마당은 무엇을 하는 날인가요?
  - 이화유치원 어린이들, 부모님들, 선생님들이 모여 즐거운 시간을 보내는 날이다.
  - 게임도 하고 율동, 체조도 한다.
- 왜 이화가족 가을놀이마당을 하는 것일까요?
  - 좋은 날씨를 느끼며 친구, 동생들과 즐겁게 놀이하기 위해서
  - 게임, 율동과 체조를 하며 몸을 튼튼하게 하려고

○ 지난 해 이화가족 가을놀이마당을 촬영한 비디오를 본다. **TIP 3**

- 작년에 이화가족 가을놀이마당을 했던 것을 기억하나요?
- 작년에는 어느 편이었나요?
- 어떤 것이 가장 재미있었나요?
  - 골대에 색공을 집어넣는 게임
  - 모래 포대에 달린 줄을 잡고 자기편 쪽으로 당기는 게임
  - 친구, 가족과 함께한 체조 등

○ 이화가족 가을놀이마당에 필요한 것들을 계획한다.

- 이번 이화가족 가을놀이마당에서는 ○○체조, ○○율동, ○○게임을 할 거예요.
- 이화가족 가을놀이마당을 하기 위해 우리가 해야 할 일들이 있어요.
  - 편을 정한다.
  - 체조와 율동, 게임을 연습한다.
  - 가족들께 이화가족 가을놀이마당을 알리는 초대장을 보낸다.

집단형태
대집단활동

활동유형
이야기나누기

활동자료
달력, 작년도 이화가족 가을놀이마당 녹화 테이프나 사진자료, 청/백 표시(유아 수만큼), 추첨통 2개(남, 여), 기록용구(화이트보드, 보드마카펜)

TIP 1 본 활동은 이화가족 가을놀이마당을 소개하고 관련 사전 활동을 계획하고 실행하는 내용이므로 3~4회에 걸쳐서 실시하도록 한다.

TIP 2 '이화가족 가을놀이마당' 명칭은 전원아가 함께 투표해서 정한 것이다.

TIP 3 전년도 이화가족 가을놀이마당에 참여했던 유아들의 이야기를 들어 본다. 비디오를 볼 때에는 교사가 준비한 장면을 바로 볼 수 있도록 해당 장면의 재생 시간을 미리 기록해 둔다. 비디오 촬영분이 없을 경우, 작년에 찍은 사진들을 보면서 회상할 수 있다.

TIP 4 편을 정할 때에는 남아/여아가 청룡/백호편에 고루 배정되도록 한다. 유치원에 함께 다니고 있는 형제자매의 경우 사전에 교사들이 협의하여 같은 편으로 맞춰준다.

이화가족 가을놀이마당 초대장

이화가족 가을놀이마당 포스터

유아들의 판화 작품으로 장식한 유치원

유아들이 만든 깃발

- 이화가족 가을놀이마당을 소개하는 포스터를 제작한다.
- 게임을 위한 편을 나눈다.

○ 편을 정한다. **TIP 4**

■ 어떻게 하면 편을 공평하게 나눌 수 있을까요?

- 제비뽑기

■ 제비뽑기를 하려면 무엇이 필요한가요?

- 청룡/백호편 표시(글자가 기입되거나 색깔로 표시됨)
- 편 표시를 넣는 통(추첨통)

■ 남자(여자) 어린이부터 한 명씩 차례로 나와 추첨통에서 편 표시를 뽑으세요.

■ 자기가 어느 편인지 게시판에 이름을 적으세요. 추첨통에서 뽑은 표시는 복도에 있는 개인장에 붙이고 오세요.

■ 청룡(백호)편 손 들어 보세요.

○ 약 일주일간 포스터, 초대장, 장식물 등 이화가족 가을놀이마당에 필요한 것들을 준비한다.

■ 유치원에서 이화가족 가을놀이마당이 열린다는 것을 알리는 방법이 있어요.

- 포스터를 만들어 사람들이 잘 볼 수 있는 곳에 붙인다.
- 초대장을 만들어 가족, 친척들께 드린다.
- 포스터(초대장)에 날짜, 시간, 장소를 쓴다.
- 이화가족 가을놀이마당에서 하는 놀이 그림을 그린다.

■ 초대장과 포스터를 만들어 봅시다.

■ 이화가족 가을놀이마당이 열리는 유치원 마당을 꾸밀 거예요. 어떻게 꾸밀 수 있을까요?

- 한지에 태극기, 청룡/백호, 색동 무늬 판화를 찍어 건물 외벽에 드리운다.
- 깃발을 만들어 유치원 주변 곳곳에 세운다.

○ 이화가족 가을놀이마당을 준비하는 기간 동안 율동, 체조, 응원가 등을 배우거나 게임을 미리 연습해보는 시간을 갖는다.

○ 이화가족 가을놀이마당이 열리기 전날 귀가지도 시간에 이화가족 가을놀이마당에 임하는 자세와 태도에 대해 이야기를 나누며 각 편에 따른 복장을 갖추어 가족과 함께 유치원에서 만날 것을 안내한다.

■ 이화가족 가을놀이마당에서 게임이나 율동, 체조를 할 때에는 어떤 마음으로 해야 할까요?

- 기쁘고 즐거운 마음으로 신나게 율동하고 노래 부른다.
- 바른 태도로 체조를 한다.
- 게임에서 졌을 때에도 속상해 하지 않고 상대편이 열심히 잘 한 것을 칭찬해 준다.

- 형, 누나, 부모님들께서 게임, 율동을 할 때에는 어떻게 해야 할까요?
  - 바르게 앉아서 열심히 응원한다.
  - 즐거운 마음으로 본다.
- 이화가족 가을놀이마당을 더욱 즐겁게 보내기 위해 같은 편끼리 같은 색깔의 옷을 입기로 했어요. 청룡편은 무슨 색깔 옷을 입기로 했나요?
  - 파란색
- 백호편은 무슨 색깔 옷을 입기로 했나요?
  - 하얀색
- 내일 청룡/백호편에 맞추어 옷을 입고 가족과 함께 유지원에서 만나요.

전통놀이

유의점

- 이화가족 가을놀이마당 프로그램은 교사회의를 통하여 결정하되, 유아들에게 하고 싶은 게임, 율동, 체조를 물어보고 유아들의 의견을 반영한다. 프로그램이 결정된 후에는 구체적인 교사 역할을 분담하여 행사가 원활히 진행될 수 있도록 준비한다.
- 이화가족 가을놀이마당은 유치원 전체 유아들과 가족이 한 자리에 모이는 큰 행사이므로 행사 하루 전날에 유아들과 이화가족 가을놀이마당 프로그램에 따라 예행연습(예: 행진하기, 응원하기, 노래부르기, 체조하기, 게임하기, 율동하기 등)을 실시한다.

관련활동

- 조형 영역 '이화가족 가을놀이마당 포스터 만들기' (88쪽 참고)
- 율동 '한삼춤' (78쪽 참고)
- 신체(게임) '골대에 공 넣기' (만 3세 '우리나라' 생활주제 55쪽 참고)
- 신체(게임) '색깔판 뒤집기' (만 4세 '봄' 생활주제 60쪽 참고)

활동
11

이화가족 가을놀이마당 포스터 만들기

집단형태
자유선택활동

활동유형
조형 영역

활동자료
달력, 작년도 이화가족 가을놀이마당 행사 사진, 지난 이화가족 가을놀이마당 포스터, 포스터를 만들 도구(예: 종이, 색연필, 사인펜, 포스터물감, 붓, 파레트 등)

ⓣIP 유아들이 이야기한 내용에 해당하는 작년도 이화가족 가을놀이마당 행사 사진을 보여준다.

활동목표

■ 이화가족 가을놀이마당의 일정을 안다.

■ 이화가족 가을놀이마당에 필요한 것을 계획하고 준비한다.

활동방법

○ 이화가족 가을놀이마당 이야기나누기 활동을 회상한다.

■ (달력을 보면서) ○월 ○일은 무슨 날인가요?

• 이화가족 가을놀이마당이 열리는 날

■ 이화가족 가을놀이마당은 무엇을 하는 날이라고 했나요?

• 가족들을 유치원으로 초대해서 함께 게임도 하고 율동, 체조도 하면서 즐겁게 지내는 날이다. **ⓣIP**

■ 가족들에게 이화가족 가을놀이마당이 열리는 것을 어떻게 알리기로 하였나요?

• 초대장을 만들어 전해 드린다.

• 포스터를 만들어 유치원에 붙인다.

○ 포스터의 의미에 대해 이야기 나누고 만드는 방법에 대해 이야기 나눈다.

■ 포스터를 본 적이 있나요? 어디서 보았나요?

■ 포스터는 알리고자 하는 내용을 글로 적고 그림으로 그려 표현한 거예요. 사람들이 많이 다니는 곳에 붙이면 많은 사람들이 포스터를 볼 수 있지요.

■ 유치원의 어느 곳에 포스터를 붙이면 많은 사람들이 볼 수 있을까요?

• 현관문이나 교실 문

• 복도의 벽면

■ 이화가족 가을놀이마당 포스터에는 어떤 내용들이 들어가야 할까요?

• 이화가족 가을놀이마당이 열리는 날짜, 요일, 시간, 장소

• 이화가족 가을놀이마당에 참석하는 사람

• 이화가족 가을놀이마당에서 하는 게임, 체조

■ (작년도 유아 제작 이화가족 가을놀이마당 포스터를 보면서) 이것은 작년에 형과 언니들이 만든 이화가족 가을놀이마당 포스터예요. 방금 우리가 이야기한 내용들이 모두 들어있나요?

■ 어떤 그림이 있나요?

- 제기차기, 사방치기 등 놀이마당에서 할 수 있는 민속놀이 그림

- 소고춤을 추는 모습의 그림

- 색공 던지기 게임을 하는 그림

■ 그림을 보면서 무엇을 알 수가 있나요?

- 언제, 어디에서 이화가족 가을놀이마당이 열리는지 알 수 있다.

- 이화가족 가을놀이마당에서 하는 놀이, 율동, 게임 등이 무엇인지 알 수 있다.

■ 이번에 이화가족 가을놀이마당에서 할 활동은 ○○, △△, □□ 이에요. 이 활동 중 하나를 그림으로 그려 보세요.

○ 포스터가 완성되면 유아들과 함께 유치원 곳곳에 부착한다.

관련활동

■ 이야기나누기 '이화가족 가을놀이마당' (85쪽 참고)

전통놀이

이화가족 가을놀이마당 포스터

활동 12 나무꾼과 호랑이

집단형태
대집단활동

활동유형
동극

활동자료
동화자료(테이블 동화), 높이가 낮은 책상(교사가 바닥에 앉아 동화를 시연할 수 있을 만한 높이), 유아가 준비한 동극 준비물

나뭇꾼과 호랑이 동화자료

TIP 1 본 동화는 대사의 일부분을 노래로 부르는 음악 동화이다. 나무꾼이 나무, 황소, 토끼에게 자신을 잡아먹으려는 호랑이의 행동이 옳은지를 물어보는 부분을 '숲 속 작은 집' 노랫말을 개사하여 부른다. 이 밖에 유아들에게 친숙하고 부르기 쉬운 노래를 활용할 수 있다

활동목표
- 동화의 내용을 이해하고 극으로 표현한다.
- 동극을 바른 자세로 관람하는 태도를 기른다.

활동방법
○ 동화를 듣고 난 뒤 동극을 할 것임을 알려준다.
- 동화를 듣고 동극을 하는데 필요한 사항을 당부한다.
  - 어떤 등장인물이 나와서 어떤 말을 하는지 기억하면서 듣는다.
  - 동극을 하기 위해서는 어떤 준비물과 무대가 필요할지 생각하며 듣는다.
○ '나뭇꾼과 호랑이' 테이블 동화를 들려준다. **TIP 1**
○ 유아들과 동화의 내용과 대사를 회상해 본다.
- 동화에 누가 나왔나요?
  - 나무꾼, 호랑이, 나무, 황소, 토끼
- 나무꾼이 나무를 하다가 어떤 소리를 들었나요?
  - 호랑이가 살려 달라는 소리를 들었다.
- 모두 함정에 빠진 호랑이가 되어서 큰 목소리로 살려달라고 말해 봅시다.
  - 어흥, 어흥~ 살려 주세요! 나 좀 구해주세요! 제발 저 좀 꺼내 주세요. 이 은혜는 꼭 갚겠습니다.
- 선생님이 나무꾼이 되어서 말해 볼게요.
  - 안 돼, 너를 살려주면 또 약한 동물들을 함부로 잡아먹을 거야.
- 그랬더니 호랑이가 뭐라고 했나요?
  - 아니에요. 정말 착한 호랑이가 되겠어요. 제발 저 좀 꺼내 주세요. 어흥.
- 나무꾼이 호랑이를 구해 줬더니 호랑이가 어떻게 했나요?
  - 나무꾼을 잡아먹으려고 했다.
- 그래서 나무꾼은 호랑이에게 무엇이라고 말했나요?
  - 너를 구해 준 나를 잡아먹어도 좋은지 누구한테 물어보자. 네가 옳다고 하면 나를 잡아먹어도 좋아.
- 나무꾼과 호랑이는 먼저 누구에게 물어보았나요?
  - 나무

- ■ ○○○반 어린이들이 나무꾼이 되어 보세요. 선생님이 나무가 되어 이야기해 봅시다.
- ■ 황소, 토끼에 대해서도 이와 같은 방법으로 회상한다.
○ 동극 무대 꾸미기에 대해 의논하고 무대를 꾸민다.
- ■ 이 동극을 하기 위해서는 어떤 장소가 필요한가요?
  - • 호랑이가 빠졌던 함정
  - • 쌓기 놀이 영역의 한쪽에 나무블록으로 함정을 만든다.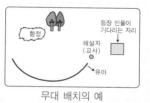
○ 동극 소품을 준비한다.
- ■ 동극을 하려면 무엇이 필요한가요?
  - • 지게, 나뭇가지 등
- ■ 무엇으로 준비할까요?
  - • 지게는 우리나라 물건이 전시된 곳에 있는 실제 지게를 사용한다.
  - • 함정에 넣어 줄 나뭇가지는 긴 블록을 사용한다.
○ 동극 배역을 정한다.
- ■ (등장인물을 차례대로 이야기하며) 호랑이 역할을 맡고 싶은 사람은 손을 드세요.
○ 배역을 맡은 유아들이 나와서 한 줄로 서서 자기소개를 한다.
- ■ 역할을 맡은 사람들은 무대 가운데에 한 줄로 서세요. 왼쪽에 있는 사람부터 차례대로 자신이 맡은 역할과 이름을 말하세요.
○ 배역을 맡은 유아들이 자리로 가서 기다린다.
- ■ 호랑이 역할을 맡은 사람은 함정에 가서 준비를 하고, 다른 역할을 맡은 사람들은 선생님 옆으로 와서 순서대로 앉으세요.
○ 교사는 해설로 동극을 진행한다.
- ■ 지금부터 ○○○반 어린이들의 '호랑이와 나무꾼' 동극을 시작하겠습니다.
○ 동극이 끝난 후 한 줄로 서서 인사하고, 관객들은 답례로 박수를 쳐 준다.
○ 유아들과 함께 감상을 이야기하며 평가한다.
- ■ 동극이 재미있었나요? 무엇이 재미있었나요?
- ■ 동극을 더 재미있게 하려면 어떻게 하는 것이 좋을까요?
○ 평가를 반영하여 재공연을 한다.
○ 동극을 마친 후 무대와 소품을 유아들이 정리한다.

동화

나무꾼과 호랑이

아주 먼 옛날, 착한 나무꾼이 살고 있었어요.
나무꾼은 산에서 나무를 해다 팔면서 살았어요. 오늘도 나무꾼은 콧노래를 부르면서

TIP 2 함정은 블록으로 짓거나, 3면이 막혀 있는 사다리꼴 책상을 뒤집어 활용할 수 있다. 유아들의 다양한 의견을 수용하여 함정을 만든다. 호랑이가 함정에 빠져 나와 대화하는 장면이 많으므로 무대의 중앙보다는 옆 쪽에 함정을 만든다.

무대 배치의 예

소품(토끼 귀 만들기)

무대(함정) 만들기

'나무꾼과 호랑이' 동극하기

산으로 나무를 하러 갔어요.

(나무꾼의 역할을 맡은 유아와 자리에 앉아 구경하는 유아들 모두가 '다 함께 모여서' 노래를 부른다(만 5세 생활주제 '가을' 30쪽 참고))

그런데 이때 어디선가 이상한 소리가 들려왔어요.

호랑이　어흥, 어흥~ 살려 주세요! 나 좀 구해 주세요!

나무꾼은 깜짝 놀라서 소리 나는 쪽으로 달려갔어요. 달려가 보니, 그 소리는 함정에 빠진 호랑이의 울음소리였어요. 나무꾼을 보자 함정에 빠진 호랑이가 애원을 했어요.

호랑이　어흥, 어흥~ 나무꾼님! 제발 저 좀 꺼내 주세요. 이 은혜는 꼭 갚겠습니다.

그러나 나무꾼은 호랑이를 구해 주고 싶지 않았어요. 호랑이는 약한 동물을 잡아먹고 사람까지 해치고 다녔으니까요.

나무꾼　안 돼, 너를 살려 주면 또 약한 동물들을 함부로 잡아먹을 거야.

호랑이는 다시 애원했어요.

호랑이　아니에요. 정말 착한 호랑이가 되겠어요. 제발 저 좀 꺼내 주세요. 어흥~

마음씨 고운 나무꾼은 이렇게 애원하는 호랑이가 불쌍해졌어요.

나무꾼　음……, 앞으로 착한 호랑이가 되겠다고? 좋아 그렇다면 구해 주지.

나무꾼은 호랑이를 구할 방법을 찾느라 주변을 두리번두리번거렸어요. 그리고는 길고 굵은 나뭇가지를 찾아 호랑이가 빠진 함정에 넣어 주었어요.

나무꾼　자, 이 나뭇가지를 잡고 올라와.

호랑이는 한 걸음 두 걸음 나뭇가지를 잡고 올라와 드디어 함정 밖으로 나올 수 있게 되었어요.

호랑이　휴우! 살았다.

그러더니 갑자기 호랑이는 침을 꿀~꺽 삼키며 나무꾼에게 덤벼들었어요.

호랑이　어흥! 어흥! 내가 너를 잡아먹겠다.

나무꾼은 깜짝 놀라 뒤로 물러서며 외쳤어요.

나무꾼　아니 착한 호랑이가 되겠다고 약속했잖아?

호랑이 흥, 그렇지만 나는 함정 속에 오래 있었기 때문에 지금 배가 너무 고프다구. 약속은 약속이고 지금은 널 잡아먹어야겠다. 어~흥

(전자오르간 또는 피아노를 이용하여 위기를 나타내는 효과음악을 짧고 강하게 연주한다.)
큰일 났어요. 목숨이 위험해진 나무꾼은 침착하게 말했어요.

나무꾼 잠깐! 너를 구해 준 나를 잡아먹어도 좋은지 누구한테 물어보자. 네 행동이 옳다고 하면 나를 잡아먹어도 좋아.

호랑이도 좋은 생각이라고 생각되어서 말했어요.

호랑이 어흥~, 좋아. 그럼 빨리 물어봐, 난 무척 배가 고프거든.

여기 저기 둘러보니 가까운 곳에 나무 한 그루가 서 있었어요. 나무꾼은 나무에게 물었어요.

나 무 나무야, 나무야, 한 가지 물어볼게. 내가 하는 이야기 좀 들어 봐.

('숲 속 작은 집 창가에' 곡의 전주가 흐른다. 나무꾼과 관객이 음악에 맞추어 노래한다.)

나무꾼과 관객의 노래 ♬ 숲 속 커다란 함정에 호랑이 한 마리가 빠졌는데 내가 지나다가 구해 줬더니 호랑이가 하는 말 "어흥~, 어흥~, 내가 너를 잡아먹겠다." 나무야 나무야 대답해 봐. 누가 누가 옳은지. ♬

숲 속 작은 집

그러자 나무가 대답했어요.

나 무 사람들은 우리를 마구 잘라다가 땔감으로도 쓰고, 가지도 꺾으니까 나빠. 호랑이가 잡아먹어도 돼.

우리나라 **93**

이 말을 들은 호랑이는 신이 났어요.

호랑이   자! 이제 내가 널 잡아먹겠다. 어흥.

나무꾼이 급히 말했어요.

나무꾼   안 돼, 안 돼. 한 번 더 물어보자.

호랑이는 우쭐해서 쉽게 허락해 주었어요.

호랑이   좋아, 빨리 물어봐. 난 무척 배가 고프다고.

그때 황소 한 마리가 지나갔어요. 나무꾼은 기뻤어요. 왜냐하면 황소는 사람과 함께 사니까 나무꾼편을 들어줄 것 같았거든요. 나무꾼이 황소에게 물었어요.

나무꾼   황소야, 황소야, 한 가지 물어볼게. 내 이야기 좀 들어 봐.

('숲 속 작은 집 창가에' 곡의 전주가 흐른다. 개사한 노래 2절을 부른다)

나무꾼과 관객의 노래   ♬숲 속 커다란 함정에 호랑이 한 마리가 빠졌는데 내가 지나다 가 구해줬더니 호랑이가 하는 말 "어흥~, 어흥~, 내가 너를 잡 아먹겠다." 황소야 황소야 대답해 봐. 누가 누가 옳은지.♬

숲 속 작은 집

그러자 황소가 대답했어요.

황 소   사람들은 우리에게 힘든 일만 시키고 나중에는 잡아먹기도 하니까 나빠. 호랑 이가 잡아먹어도 돼.

황소도 역시 호랑이 편을 들어주었어요. 두 번이나 이긴 호랑이는 너무나 신이 나서 덩실 덩실 춤을 추며 좋아했어요.

호랑이　이젠 널 잡아먹겠다. 어흥!

　나무꾼은 호랑이에게 사정했어요.

나무꾼　안 돼, 안 돼. 한 번만 더 물어보자. 제발 부탁이야. 호랑이야.

　우쭐해 있던 호랑이는 한 번 더 허락해 주었어요.

호랑이　좋아, 이번이 마지막이다. 난 무척 배가 고프단 말이야.

　그때 산중 동물들 중에서 지혜롭기로 소문난 토끼 한 마리가 깡충깡충 뛰어왔습니다.

　('산토끼' 노래의 반주에 맞추어 모든 원하는 유아들이 같이 부른다)

나무꾼　얘, 토끼야, 한 가지 물어볼게.

나무꾼과 관객의 노래　♬숲 속 커다란 함정에 호랑이 한 마리가 빠졌는데 내가 지나다
가 구해 줬더니 호랑이가 하는 말 "어흥~, 어흥~, 내가 너를
잡아먹겠다." 토끼야 토끼야 대답해 봐. 누가 누가 옳은지. ♬

숲 속 작은 집

숲 속 커다란 함정에　호랑이 한마리가 빠졌는 데

내 가 지 나 가 다 구 해 줬더니　호 랑 이 가 하 는 말

"어흥-, 어흥-. 내가 너를 잡아먹겠다."

토 끼 야 토 끼 야　대 답 해 봐　누 가 누 가 옳 은 지

　이야기를 다 듣고 난 토끼는 고개를 까우뚱하면서 말했어요.

토　끼　음……. 이야기만 듣고서는 잘 모르겠어요. 처음에 나무꾼이 호랑이를 어떻게
구해 주었는지 다시 보여주시겠어요?

호랑이, 나무꾼　암, 보여주지.

　나무꾼과 호랑이는 토끼를 함정이 있는 곳에 데리고 갔어요. 그리고 마음이 급한 호랑
이는 함정 속으로 껑충 뛰어 들어갔어요.

호랑이　내가 이렇게 함정에 빠져 있었지.

토끼는 함정 속에 있는 나뭇가지를 가리키며 물었어요.

토 끼 나무꾼님, 그럼 이 나뭇가지는 어디 있었어요? 원래 있던 자리에 놓아 주시겠
어요?

그러자 나무꾼은 얼른 나뭇가지를 원래 있던 자리로 치웠어요. 어리석은 호랑이가 말
했어요.

호랑이 어~흥, 나무꾼아, 이젠 날 꺼내 줄 차례야.

이때, 지혜로운 토끼가 말했어요.

토 끼 어리석은 호랑이야. 너같이 은혜를 모르는 동물을 다시 구해 줄 수 없어. 나무
꾼님 어서 일하러 가세요.

나무꾼은 토끼에게 고맙다는 인사를 했어요. 토끼는 숲 속으로 깡충깡충 뛰어갔어요.
나무꾼도 부지런히 나무를 하러 갔어요.

호랑이 어흥~, 어흥~, 나 좀 살려 주세요. 이제는 약속을 꼭 지킬게요. 제발 살려 주
세요.

호랑이는 큰 소리로 울며 외쳤지만 아무도 구해 주지 않았어요.

활동 13 무말랭이 무침

활동목표

- 우리나라 전통음식에 관심을 갖는다.
- 무말랭이를 무치는 방법을 알고 익힌다.

활동방법

○ 요리 활동 전날 무말랭이에 대하여 이야기 나눈다.

- 선생님이 수수께끼를 낼 테니 잘 듣고 알아맞혀 보세요. 이것은 밭에서 자라요. 이것으로 많은 음식을 만들어서 먹을 수 있어요. 날 것으로 먹으면 달콤하기도 하고 맵기도 해요. 하얗고 초록색인 몸을 가지고 있고, 머리카락은 초록색이에 요. 수염도 있어요. 이것은 무엇일까요?
  - 무
- 무를 재료로 요리한 음식을 먹어본 적이 있나요?
  - 깍두기, 동치미
  - 무국
  - 무나물
  - 무말랭이
- (무말랭이 무침 사진을 보여주며) 음식을 먹어 본 적이 있나요? 맛이 어땠나요?
  - 매운 맛도 나고 단맛도 났다.
  - 씹을 때 조금 딱딱하면서도 질겼다.
- 이 음식의 이름은 '무말랭이 무침' 이에요.
- 무말랭이 무침은 무를 말린 다음에 여러 가지 양념을 무쳐서 요리해요. 말린 무에는 칼슘과 비타민이 풍부하기 때문에 우리 몸에 좋아요.
- 무말랭이 무침을 만들어 점심 식사 반찬으로 먹기로 해요.
- 방안 놀이 시간에 모둠별로 모여 무말랭이를 만들 거예요.
- 선생님이 부르는 모둠은 요리할 준비를 하고 모이세요.

○ 무말랭이 무침을 만드는 방법을 소개한다.

① **무를 썬다.**

- 가장 먼저 무를 작게 썰어요. 왜 작게 썰어야 할까요?
  - 작게 썰면 먹기에 편하다.

집단형태

소집단활동(약 10명)

활동유형

과학

활동자료

- 재료(30명 기준) : 무 2개
  🅣IP, 양념(간장, 설탕, 물 각1/2컵, 꿀, 다진마늘 1Ts, 통깨 1Ts, 고춧가루)
- 기구 : 유아용 칼 10개, 채 반, 계량스푼
- 기타 : 요리 순서도, 요리 복, 요리보, 일회용 위생 장 갑(유아당 한 켤레씩 준비)

🅣IP 무는 유아들이 자르기 쉽 도록 2cm 두께로 썰어서 준비한다.

- 무를 잘 말리기 위해서다. 무가 마르면서 무 안에 있는 수분이 증발되어 크기가 더 작아진다.
  - 검지 손가락 크기만큼 무를 잘라 보세요.
② **무를 말린다.**
  - 무를 자른 다음에는 채반 위에 올려서 서늘하고 바람이 잘 부는 곳에서 일주일 동안 말려요.
③ **말린 무를 소금물에 넣고 씻는다.**
  - 무를 바깥에 오랫동안 두었기 때문에 먼지가 묻어 있어요. 먼지를 깨끗하게 씻어낼 수 있도록 소금물에 넣고 손으로 잘 주물러 주어요. 깨끗하게 씻어지도록 2~3번 소금물에 헹구는 게 좋아요.
④ **양념을 만든다.**
  - 무말랭이를 더 맛있게 하기 위해 무엇을 넣나요?
    - 양념
  - 양념에는 어떤 재료가 들어가는지 살펴봅시다.
    - 간장, 고춧가루, 설탕, 참기름, 다진 마늘
  - 이 양념을 넣으면 무말랭이 맛이 어떻게 될까요?
    - 간장을 넣어서 짠맛이 날 것이다.
    - 고춧가루와 다진 마늘을 넣어서 매운 맛이 날 것이다.
    - 설탕을 넣어서 단맛이 날 것이다.
    - 참기름을 넣어서 고소한 맛이 날 것이다.
⑤ **말린 무를 양념에 무친다.**
  - 완성된 양념에 말린 무를 넣고, 깨소금을 넣어서 무치면 무말랭이 무침이 완성돼요.
○ 자유선택활동 시간에 모둠별로 무를 자른다.
○ 그늘에서 무를 말린다.
○ 일주일 정도 지난 후 무가 다 마르면 무를 씻고 양념을 넣어 무친다.
○ 완성된 무말랭이 무침은 점심시간에 반찬으로 먹는다.

유의점

  - 무를 말리는 데 걸리는 시간(약 일주일)을 고려하여 활동을 계획한다.
  - 채반에 넣은 무는 하루에 한 번 뒤집고 섞어주어 곰팡이가 슬지 않도록 한다. 유아들이 관찰 가능하면서 서늘하고 통풍이 잘 되는 곳에서 무를 말린다.

관련활동

  - 이야기나누기 '우리나라의 음식' (22쪽 참고)

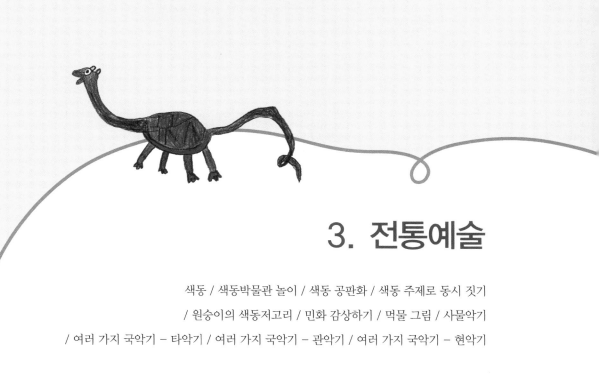

3. 전통예술

활동 1 색동

집단형태
대집단활동

활동유형
이야기나누기

활동자료
• 색동에 대해 이야기나누기 :
색동이 들어 있는 전통예
술품 실물이나 사진(예 : 색
동저고리, 색동굴레, 색동
복주머니 등)
• 색동 조사하기 : 사진기, 녹
음기, 종이 및 필기도구, 스
크린, 빔프로젝터, 컴퓨터

색동굴레　색동저고리　색동복주머니
색동이 들어간 전통예술품 사진이
담긴 사진자료 예

활동목표

■ 색동의 의미를 안다.

■ 색동의 아름다움을 감상하며 심미감을 기른다.

■ 색동 무늬에 관심을 갖고 주변에서 색동을 찾아본다.

활동방법

| 색동에 대해 이야기나누기 |

○ 색동저고리를 입어 본 경험에 대해 이야기한다.

■ 이것은 무엇인가요?

• 한복, 저고리, 색동저고리

■ 색동저고리를 입어 본 적 있나요?

■ 언제 입어 보았나요? 입었을 때 어떤 느낌이 들었나요?

○ 색동의 의미에 대해 이야기한다.

■ 색동이 무엇인가요?

■ 색동은 오색 빛깔의 헝겊을 층층이 잇대어 만든 거예요. 주로 아이들의 저고리
나 마고자 소매에 쓰여요.

■ 여러 종류의 색동저고리 사진을 봅시다. 색동에 어떤 색깔들이 있나요?

• 빨강, 파랑, 노랑, 하양, 분홍, 초록, 연두, 보라 등

■ 색동은 오방색 중에서 검정색을 뺀 네 개의 색깔과 이를 섞어서 만든 색깔을 사
용해요.

■ 사람들이 언제 색동옷을 입었나요?

• 아기가 첫 번째 생일(돌)을 맞이했을 때 입는다.

• 특별한 행사나 기쁜 일이 있을 때 어른들도 색동옷을 입었다.

■ 어떤 마음으로 색동옷을 입었을까요?

■ 색동이 나쁜 것을 막아 주고 복을 가져다준다고 생각해서, 아이가 건강하게 오
래 살기를 바라는 마음으로 색동옷을 만들어 입혔어요.

■ 또 여러 가지 색깔이 모여서 색동을 이루듯이 세상의 모든 것이 잘 어우러지기
를 바라는 마음으로 입었어요.

○ 실물이나 사진 자료를 보면서 색동의 쓰임에 대하여 이야기 나눈다.

- 색동이 들어 있는 물건을 본 적이 있나요?
- 이 물건은 무엇일까요?
  - 저고리, 마고자, 복주머니, 굴레, 혼례복, 조각보
- 물건의 어느 부분에 색동이 쓰였나요?
  - 소매 부분에 색동이 있다.
- 어떤 색깔이 있나요?
  - 빨강, 파랑, 노랑, 보라, 초록, 연두, 하늘 등
- 요즘에는 전통물건 이외에도 색동이 들어 있는 물건을 많이 볼 수 있어요. 이것은 무엇일까요? 색동을 찾아보세요.
  - 색동 쿠션, 색동 의자, 색동 컵, 색동 벽화 등

| 색동 조사하기 |

○ 주변에서 색동을 찾아보기로 한다.
- 내가 갖고 있는 물건이나 우리 반에 있는 물건, 우리 유치원에 있는 물건 중에서 색동이 들어간 물건을 찾아보세요.
- 어떻게 하면 내가 찾은 것을 다른 사람들에게도 소개해 줄 수 있을까요?
  - 집에서 물건을 가져온다. 가져오기 어려운 경우 사진으로 찍어 온다.
  - 다른 반에 있는 물건을 사진으로 찍어 온다.
  - 물건에 대해 알게 된 점을 종이에 적거나 녹음한다.

○ 모둠별로 조사할 장소를 정하여 유치원에 있는 색동이 들어간 물건, 작품을 찾는다.

○ 모둠별로 조사한 내용을 발표한다.
- ○ 모둠 어린이들이 ○○에 숨어 있는 색동을 찾아보았어요. 어떤 것들을 찾았는지, 어떤 점을 알아왔는지 들어 보도록 해요.
- (색동이 들어간 물건 사진을 보며) 이것은 무엇인가요? 무엇에 사용하는 물건인가요? 어디에서 찾았나요? 어느 부분에 색동이 있나요? 색동에 어떤 색깔이 들어 있나요? 어디에서 찾았나요? 누가 만든 것인가요?
- (유아들이 만든 색동 작품을 보며) 누가 만든 것인가요? 어떻게 만든 것인가요? 이것을 만들려면 어떤 재료가 필요한가요? 어떤 색깔들로 색동을 만들었나요?

○ 유아들이 찾은 물건은 교실에 전시하고 조사한 자료는 벽면에 게시하여 감상하게 한다.

다른 학급에서 색동을 찾아 사진 찍기

관련활동

- 역할 놀이 영역 '색동박물관 놀이' (102쪽 참고)
- 동극 '원숭이의 색동저고리' (107쪽 참고)
- 동시 '색동 주제로 동시 짓기' (105쪽 참고)
- 조형 영역 '색동 공판화' (104쪽 참고)

활동 2 색동박물관 놀이

집단형태

실내자유선택활동

활동유형

역할 놀이 영역

활동자료

색동이 들어 있는 생활품·전통예술품(예 : 색동저고리, 색동 굴레, 색동 복주머니, 색동 조각보 등), 포스터·입장권·전시물 안내 책자를 만들 재료(디지털 카메라, 칼라 프린터, 색지, 색연필, 크레파스)

집에서 가져온 물건 소개하기

활동목표

- 박물관의 기능을 안다.
- 색동의 의미를 안다.
- 색동의 아름다움을 감상하며 심미감을 기른다.
- 색동 무늬에 관심을 갖고 주변에서 찾아본다.

활동방법

| 색동박물관 만들기 |

○ '색동'에 대해 알아보면서 집에서 색동 무늬가 들어간 물건을 가져오기로 한다.

○ 유아들이 가져온 색동 무늬가 있는 물건을 소개한다.

- 어떤 물건을 가져 왔나요?
- 이 물건의 어느 부분에 색동이 있나요?
- 어떤 색이 있나요?

○ 집에서 가져온 색동 무늬 물건을 전시할 곳에 대해 의견을 이야기 나눈다.

- 친구들이 다른 친구들과 함께 보기 위해 색동 물건들을 가져왔어요. 어디에 전시하면 좋을까요?
  - 색동 무늬 물건을 전시하는 곳을 마련한다.
  - 사람들이 물건을 감상할 수 있도록 책상, 선반, 벽 등에 물건을 전시한다.

○ 색동박물관 만들 준비를 한다.

- 색동 물건들을 전시하는 박물관을 만들어 보기로 해요. 무엇이 필요할까요?
  - 물건들을 전시할 책상이 필요하다.
  - 책상 위에 보자기나 한지를 깔아 장식한다.
  - 박물관임을 알려주는 간판을 만들어 세운다.
  - 전시물 옆에 전시물에 대한 설명을 적어 놓는다.

○ 역할을 나누어 색동박물관을 만든다.

| 색동박물관 놀이하기 | **TIP**

○ 박물관에 가 본 경험을 회상한다.

- 박물관에 가 본 것이 기억나나요?
- 박물관에 누가 있었나요?

TIP 박물관 현장학습 경험을 회상하여 박물관의 기능, 박물관에서 일하는 사람들의 역할 등에 대해 알아보고 놀이를 한다.

- 입장권을 파는 사람, 입구에서 입장권을 받는 사람
- 박물관에 전시된 물건을 설명하는 사람
- 전시물을 보러 박물관에 온 손님

○ 각 역할들이 하는 일을 정한다.

■ 우리도 역할을 나누어 놀이해 봅시다.

■ 박물관에 온 손님은 무엇을 해야 하나요?

- 입장권을 산다.
- 팜플렛을 본다.
- 큐레이터의 설명을 듣는다.
- 박물관에 전시된 물건들을 관람한다.
- 박물관 앞에서 기념사진을 찍는다.

■ 입장권을 파는 사람은 어떻게 해야 할까요?

- 입장권을 만들어서 판다.

■ 입장권에는 무엇이 적혀 있나요?

- 전시회 이름, 장소, 날짜

■ 입장권을 받는 사람은 어떻게 해야 할까요?

- 입장권의 절취선을 따라 잘라 낸다.
- 박물관 안으로 들어갈 수 있도록 안내한다.

■ 큐레이터는 무엇을 하는 사람인가요?

- 박물관에 전시된 물건들을 설명해 준다.

○ 역할을 나누어 놀이한다.

관련활동

■ 이야기나누기 '색동' (100쪽 참고)
■ 동시 '색동 주제로 동시 짓기' (105쪽 참고)
■ 조형 영역 '색동 공판화' (104쪽 참고)
■ 동극 '원숭이의 색동저고리' (107쪽 참고)

완성된 색동박물관

색동물건 관람하기

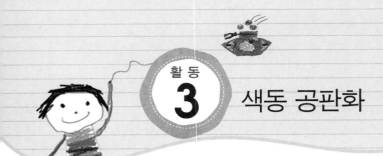

활동

3 색동 공판화

집단형태
자유선택활동

활동유형
조형 영역

활동자료
공판화판 **TIP**, 스펀지붓, 물감, 파레트, 흰 도화지(16절지)

'색동 공판화' 작업 준비

TIP 두꺼운 종이에 구멍을 뚫어 공판화판을 만든다. 각 공판화판에 길이는 같으나 넓이가 다른 구멍을 각각 뚫어 유아들이 다양한 색동을 구성할 수 있게 한다. 공판화판의 크기는 유아들이 조작하기 용이하도록 15×20cm 정도의 크기로 만든다.

색동 공판화판

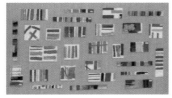

색동 공판화 작품 전시

활동목표

■ 공판화의 기법을 익힌다.

■ 색동의 아름다움을 감상하며 심미감을 기른다.

■ 색동 무늬로 조형 작품을 꾸민다.

활동방법

○ 공판화 기법으로 색동을 만드는 방법을 소개한다.

■ 색동을 만들려고 해요. 만드는 방법을 알아봅시다(교사가 시범을 보인다).

• 흰 종이 위에 구멍 뚫린 판을 올려놓고 스펀지 붓으로 물감을 칠하면 구멍을 통해 물감이 흰 종이에 묻는다.

• 구멍의 모양이 긴 네모 모양이므로 흰 종이에 나타난 모양도 긴 네모 모양이다.

• 이 네모 옆에 다시 구멍 뚫린 판을 놓고 다른 색 물감을 칠한다.

• 이와 같은 방법으로 색동을 점점 완성해 나간다.

■ (완성된 색동 공판화를 보며) 완성된 색동을 봅시다. 어떤 색깔이 있나요? 어떤 모양으로 만들었나요?

○ 유아들이 공판화를 한다.

■ 흰 종이를 가져오세요.

■ 원하는 모양의 공판화 판을 가져와 종이 위에 올려놓으세요.

■ 스펀지 붓에 원하는 색의 물감을 묻혀 공판화판 위의 구멍을 두드리세요. 이때 공판화판을 한 손으로 꾹 눌러 판과 판 밑에 있는 종이가 움직이지 않게 하세요.

■ 구멍을 통해 흰 종이에 물감이 모두 묻으면 공판화판을 떼어 내세요.

■ 방금 색칠한 네모 모양 옆에 다른 공판화판의 구멍이 오도록 선을 맞춰 놓으세요. 같은 방법으로 스펀지 붓에 물감을 묻혀 종이를 두드려 색동을 만들어 보세요.

관련활동

■ 이야기나누기 '색동' (100쪽 참고)

■ 역할 놀이 영역 '색동박물관 놀이' (102쪽 참고)

■ 동시 '색동 주제로 동시 짓기' (105쪽 참고)

■ 동극 '원숭이의 색동저고리' (107쪽 참고)

활동 4

색동 주제로 동시 짓기

활동목표

■ 색동의 아름다움을 감상한다.

■ 색동에 대한 생각과 느낌을 시어로 표현한다.

활동방법

○ 모둠별로 모여 앉아서 색동에 대해 연상되는 것들을 이야기 나눈다. **TIP 1**

■ '색동' 하면 무엇이 떠오르나요?

• 여러 가지 색깔

• 색동저고리, 복주머니, 조각보

■ 색동을 보면 어떤 느낌이 드나요?

■ 우리 주변의 어떤 물건에서 색동을 찾아볼 수 있을까요?

■ 내가 가진 물건 중에 색동을 넣는다면 어떤 물건에 넣고 싶나요?

○ 색동을 주제로 동시를 지어 본다. **TIP 2**

■ 색동에 대한 여러 가지 생각들로 동시를 만들어 볼 거예요.

■ 색동의 색깔이나, 색동이 들어간 물건에 대한 동시를 만들 수 있어요.

| 예 : 색동의 색깔에 대해 동시를 짓는 경우 |

■ ○○모둠은 색동의 여러 가지 색깔에 대한 동시를 짓기로 결정했어요. 색동저고리의 색깔에는 어떤 것이 들어있는지 함께 관찰해 봅시다. 어떤 색들이 들어 있나요?

• 빨강, 노랑, 파랑

■ 빨간색을 보면 무엇이 떠오르나요?

• 붉은 해가 떠오른다.

• 빨간 고추가 떠오른다.

■ 노란색을 보면 무엇이 떠오르나요?

• 노란 옥수수가 생각난다.

• 해바라기가 생각난다.

■ 파란색을 보면 무엇이 떠오르나요?

• 푸르른 바다가 생각난다.

• 태극기의 파란색이 떠오른다.

집단형태

소집단 활동(약 10명)

활동유형

동시

활동자료

색동이 들어간 우리나라 물건(예 : 색동저고리, 복주머니, 조각보 등), 기록용구(예 : 화이트보드, 보드마카펜 등), 종이, 사인펜, 매직펜, 색연필

TIP 1 동시를 짓기 전 색동의 모양, 느낌, 활용 등에 대해 충분히 생각하거나 상상해 보고 자유롭게 이야기해 보는 시간을 가져 동시를 짓기 위한 유아들의 반응을 이끌어 낸다.

TIP 2 교사는 유아들의 생각을 수용하여 자유로운 표현을 격려한다. 유아들의 다양한 이야기를 시어가 될 수 있도록 조합하거나 운율에 맞추어 다시 들려준다.

유아들이 색동을 주제로 지은
동시 예 '색동의 탈출'

■ 지금 함께 이야기한 내용으로 동시를 만들어 봅시다.

○ 교사는 유아들이 지은 동시를 화이트보드에 적어서 모둠의 유아들이 함께 읽어
볼 수 있도록 한다.

■ 선생님이 ○○모둠 어린이들의 이야기를 모아 적어 보았어요. 함께 읽어 봅시다.

■ 혹시 고치고 싶은 부분이 있나요?

○ 유아들이 지은 동시를 그림으로 그려서 공동 작업으로 함께 꾸민다.

■ ○○모둠 어린이들이 지은 동시를 글과 그림으로 꾸며 보려고 해요. 글씨 쓰고
싶은 사람은 손을 드세요. 그림을 그리고 싶은 사람은 손을 드세요.

○ 모둠별로 제작한 동시를 벽면에 게시한다.

■ 모둠별로 지은 동시를 글씨를 쓰고 그림을 그려 꾸며 보았어요. 이렇게 시의 내
용에 맞는 그림을 그린 작품을 '시화'라고 해요. 우리 반 어린이들이 모두 함께
감상하려면 이 시화들을 어디에 전시하는 것이 좋을까요?

• ○○영역 벽면에 전시한다.

• 창문에 전시한다.

• 색동박물관에 전시한다.

관련활동

■ 조형 영역 '색동 공판화' (104쪽 참고)

■ 이야기나누기 '색동' (100쪽 참고)

■ 역할 놀이 영역 '색동박물관 놀이' (102쪽 참고)

■ 동극 '원숭이의 색동저고리' (107쪽 참고)

활동 5 원숭이의 색동저고리

활동목표

- 색동의 아름다움을 감상한다.
- 동화 내용을 이해하고 극으로 표현한다.

활동방법

○ 동화를 듣고 난 뒤 동극을 할 것임을 알려준다.

- 동화를 듣고 동극을 하는데 필요한 사항을 당부한다.
  - 어떤 등장인물이 나와서 어떤 말을 하는지 기억하면서 듣는다.
  - 동극을 하기 위해서는 어떤 준비물과 무대가 필요할지 생각하며 듣는다.

○ '원숭이의 색동저고리' 테이블 동화를 들려준다. **T IP 1**

○ 유아들과 동화의 내용과 대사를 회상해 본다.

- 어떤 등장인물들이 나왔나요?
  - 곰, 호랑이, 토끼, 닭, 원숭이
- (동화자료를 사용하여 동화를 회상할 수 있다) 비단 가게의 곰이 비단을 팔기 위해 무엇이라고 말했나요? 모두 곰이 되어서 손님들에게 말하는 것처럼 말해 보세요.
  - "비단 사세요~. 멋진 비단 많아요~."
- 제일 먼저 누가 비단을 사러 왔나요?
  - 호랑이
- 선생님이 곰이 될테니, 여러분들이 호랑이가 되어서 말해 봅시다.
  - 유아 : "빨간 비단 주세요. 한복을 해 입어야지."
  - 교사 : "여기 있습니다."
  - 유아 : "얼마에요?"
  - 교사 : "열 냥이에요."
  - 유아 : "여기 있습니다."
  - 교사 : "고맙습니다. 예쁜 한복 해 입으세요."
- 호랑이는 집에 가는 길에 누구를 만났나요?
  - 토끼
- 남자 어린이들이 토끼가 되어서 이야기해 주세요. 그럼 여자 어린이들이 호랑

집단형태
대집단 활동

활동유형
동극

활동자료
테이블 동화자료, 동극 소품
(예 : 유아들이 입을 부직포로 만든 빨강·파랑·노랑 저고리 및 부직포 조각 **T IP 1**, 복주머니 3개, 엽전 여러 개 등)

'원숭이의 색동저고리' 동화자료

T IP 1 교사가 부직포로 저고리를 재단하여 준비한다.

이가 되어서 이야기하세요.

- 남자 유아 : "비단 예쁘다. 어디서 샀니?"
- 여자 유아 : "저기 비단가게에서 샀어. 한번 가 봐."

■ 토끼, 원숭이, 닭에 대해서도 이와 같은 방법으로 회상한다.

○ 동극 소품을 준비한다.

■ 동극을 하려면 무엇이 필요한가요?

- 동물들이 시장에서 살 비단, 동물들이 입을 저고리, 원숭이가 저고리에 붙일 색동 조각

■ 무엇으로 준비할까요?

- 동물들이 살 비단은 두꺼운 종이에 색깔 부직포를 한 겹 말아 사용한다.
- 원숭이의 저고리에 붙일 색동 조각은 부직포를 잘라 만든다.

■ 동물들이 입을 저고리는 선생님이 부직포로 미리 만들어 왔어요. **ⓣIP 2**

○ 동극 무대를 꾸민다.

ⓣIP 2 원숭이가 입을 한복은 하얀색 부직포로 만들고 색동 조각을 붙여 나갈 수 있도록 소매 부분에 벨크로테이프를 붙여 놓는다.

■ 동극을 하려면 어떤 장소가 필요한가요?

- 옷감을 파는 가게, 동물들의 집

■ 무대는 어떻게 꾸밀까요? 어디에 꾸밀까요?

- 쌓기 놀이 영역을 무대로 한다.
- 책상을 놓고 비단 가게를 만든다.
- 종이벽돌블록으로 동물들의 집을 만든다.

○ 동극 배역을 정한다.

○ 배역을 맡은 유아들이 나와서 한 줄로 서서 자기소개를 한다. 소개를 마친 후 무대에 있는 자신의 집으로 간다.

○ 동극을 한다.

■ 지금부터 ○○○반 어린이들의 '원숭이의 색동저고리' 동극을 시작하겠습니다.

○ 동극이 끝난 후 한 줄로 서서 인사하고, 관객들은 답례로 박수를 쳐준다.

○ 유아들과 함께 감상을 이야기하며 평가한다.

■ 동극이 재미있었나요? 무엇이 재미있었나요?
■ 동극을 더 재미있게 하려면 어떻게 하는 것이 좋을까요?

○ 평가를 반영하여 재공연을 한다.

○ 동극을 마친 후 무대와 소품을 유아들이 정리한다.

'원숭이의 색동저고리' 동극하기

'원숭이의 색동저고리' 인형극하기

관련활동

- 조형 영역 '색동 공판화' (104쪽 참고)
- 이야기나누기 '색동' (100쪽 참고)
- 역할 놀이 영역 '색동박물관 놀이' (102쪽 참고)
- 동시 '색동 주제로 동시 짓기' (105쪽 참고)

원숭이의 색동저고리

어느 마을에 원숭이, 닭, 토끼, 호랑이, 곰이 함께 살고 있었어요. 그 마을에는 예쁜 비단을 파는 가게가 있었어요. 추석이 되자 동물들은 한복을 지어 입기 위해서 비단 가게에 갔어요.

(비단 가게와 가게 주인 곰 등장)

곰   비단 사세요~. 멋진 비단 많아요~.

그 소리를 듣고 지나가던 호랑이가 비단 가게 앞에서 멈췄어요.

호랑이   빨간 비단 주세요. 한복을 해 입을 거예요.
곰   (빨간 비단을 주며) 여기 있습니다.
호랑이   얼마에요?
곰   열 냥이요.
호랑이   여기 있어요.
곰   감사합니다. 예쁜 한복 만들어 입으세요.

호랑이는 집에 가는 길에 토끼를 만났어요. 토끼는 호랑이의 빨간 비단을 보고 이렇게 말했어요.

토 끼   비단 예쁘다. 어디서 샀니?
호랑이   저기 비단 가게에서 샀어. 한번 가 봐.

토끼는 비단 가게로 깡충깡충 뛰어갔어요.

곰   비단 사세요~. 예쁜 비단 많아요~.
토 끼   노란 비단 주세요. 한복을 해 입을 거예요.
곰   (노란 비단을 주며) 여기 있습니다.
토 끼   얼마에요?
곰   열 냥이요.
토 끼   여기있어요.
곰   감사합니다. 예쁜 한복 만들어 입으세요.

토끼는 열 냥을 주고 예쁜 노란 비단을 샀어요. 그리고 신이 나서 깡충깡충 뛰어서 집으로 돌아갔습니다. 집으로 돌아가는 길에 닭을 만났습니다. 닭은 토끼의 노란 비단을 보고 이렇게 말했어요.

닭   비단 예쁘다. 어디서 샀니?
토 끼   저기 비단 가게에서 샀어. 한번 가 봐.

닭은 서둘러 곰의 비단 가게로 가 보았습니다.

곰　　　비단 사세요~. 예쁜 비단 많아요~.
닭　　　파란 비단 주세요. 한복을 해 입을 거예요.
곰　　　(파란 비단을 주며) 여기 있습니다.
닭　　　얼마에요?
곰　　　열 냥이요.
닭　　　여기있어요.
곰　　　감사합니다. 예쁜 한복 만들어 입으세요.

닭은 열 냥을 주고 예쁜 파란 비단을 샀어요. 그리고 신이 나서 꼬꼬댁 꼬꼬 노래를 부르며 집으로 돌아갔습니다. 닭은 집으로 돌아가는 길에 원숭이를 만났습니다. 원숭이는 닭의 파란 비단을 보고 이렇게 말했어요.

원숭이　비단 예쁘다. 어디서 샀니?
닭　　　저기 비단 가게에서 샀어. 한번 가 봐.

원숭이는 서둘러 곰 아저씨의 비단가게를 가 보았습니다.

원숭이　비단주세요.
곰　　　이런. 다 팔려서 남은 비단이 없어요.

원숭이는 매우 속상했지만 어쩔 수 없이 집으로 돌아가야 했습니다. 집으로 돌아가는 길에 호랑이 집을 지나가게 되었습니다. 원숭이는 호랑이를 보고 말했습니다.

원숭이　호랑이야~. 호랑이야~. 혹시 한복을 만들고 남은 비단 있니?
호랑이　(빨간 조각 천을 주며) 이 조각밖에 없지만 필요하다면 가져가.
원숭이　고마워.
호랑이　아! 토끼도 비단을 사는 것 같던데, 토끼 집으로 한번 가 봐.
원숭이　그래, 고마워. 안녕.

원숭이는 집으로 가는 길에 토끼의 집으로 가 보았습니다.

원숭이　토끼야~. 토끼야~. 혹시 한복을 만들고 남은 비단 있니?
토　끼　(노란 조각 천을 주며) 이 조각밖에 없지만 필요하다면 가져가.
원숭이　고마워.
토　끼　아! 닭도 비단을 사는 것 같던데, 닭 집으로 한번 가 봐.
원숭이　그래, 고마워. 안녕.

토끼의 집에서 나와서 집으로 가려는데 저 멀리에 닭의 집이 보였습니다. 원숭이는 닭의 집으로 가서 문을 두드렸어요.

원숭이   닭아~. 닭아~. 혹시 한복을 만들고 남은 비단 있니?
닭   (파란 조각 천을 주며) 이 조각밖에 없지만 필요하다면 가져가.
원숭이   고마워.
원숭이   그래, 고마워. 안녕.

집에 돌아온 원숭이는 어떻게 한복을 만들지 생각했어요. 골똘히 고민을 하다가 아주 좋은 생각이 떠올랐습니다.

원숭이   아! 조각들을 모두 모아 색동저고리를 만들면 되겠다.

원숭이는 조각을 모두 모아 색동저고리를 만들었습니다. 동물들은 만든 한복을 입고 큰 달이 잘 보이는 언덕에 모였어요. 그리고 서로의 한복을 보면서 예쁘다고 칭찬해 주었습니다. 호랑이, 토끼, 닭은 원숭이의 한복을 보고 감탄을 했습니다.

호랑이, 토기, 닭   원숭이야. 색동 한복이 정말 예쁘구나! 다음에 우리도 만들어 주렴.
원숭이   그래그래.

원숭이는 동물 친구들의 말을 듣고 정말 기뻤답니다. 그리고 모두 다 모여서 신나게 강강술래를 하며 놀았습니다.

활동 6 민화 감상하기

집단형태
대집단활동

활동유형
이야기나누기

활동자료
민화(예: 까치호랑이, 화조도, 책거리도 등), 한지, 연필, 지우개, 붓펜

까치호랑이

화조도

책거리도

Tip 유아들이 민화를 처음 접하는 경우 호랑이, 새, 꽃 등 유아들에게 친숙한 소재를 그린 민화를 먼저 소개한다. 유아들의 관심에 따라 십장생도, 산수도 등 다양한 민화를 소개한다.

활동목표
- 민화의 소재와 민화에 담긴 의미에 관심을 가진다.
- 민화의 아름다움을 감상하고 심미감을 기른다.

활동방법

○ 민화를 소개한다.

- 옛날 사람들이 그린 그림을 본 적이 있나요?
- 무엇을 그린 그림이었나요?
  - 산, 사람, 동물 등을 그린 그림
- 왜 이런 그림을 그렸을까요?
  - 자연의 모습이 아름다워서
  - 자신의 모습을 오랫동안 남겨 두기 위해서
- 집안을 아름답게 장식하기 위해서, 자신의 소원이 이루어지기를 바라는 마음을 담아 그린 그림을 '민화' 라고 해요.

○ 다양한 소재의 우리나라 민화를 감상한다. 그림의 기법, 재료뿐 아니라 그림에 담긴 이야기를 상상해 본다.

① 까치호랑이 **Tip**

- 이 그림에 나오는 동물은 무엇인가요?
  - 까치, 호랑이
- 무엇으로 그림을 그렸을까요?
  - 종이, 먹, 물감 등
- 호랑이와 까치는 서로 무슨 이야기를 나누고 있을까요?
- 호랑이는 까치를 보면서 무슨 생각을 하고 있을까요? 까치는 호랑이를 보면서 무슨 생각을 하고 있을까요?
- 우리나라 사람들은 까치를 좋은 소식을 전해주는 동물로, 호랑이를 나쁜 일을 막아 주는 동물로 생각했어요.
- 호랑이와 까치 그림 보면서 앞으로 좋은 일이 많이 생기기를 빌었어요.

② 화조도

- 그림에 무엇이 있나요?

- 새, 꽃 등
- 그림을 보니 어떤 느낌이 드나요?
- 새와 꽃이 무엇을 하고 있을까요?
  - 서로 이야기를 나누고 있는 것 같다.
- 새와 꽃이 함께 어울려서 아름다운 모습이 된 것처럼 온 가족이 서로 화목하고, 부유하게 살기를 바라는 마음으로 새와 꽃 그림을 그렸어요.

③ **책거리도**

- 그림에 무엇이 있나요?
  - 책, 책꽂이, 붓, 먹, 벼루 등
- 왜 이런 그림을 그렸을까요? 그림에 어떤 뜻이 담겨 있을까요?
  - 옛날에는 책이 귀했기 때문에 책을 많이 갖기가 어려웠다. 책꽂이에 책이 가득 꽂혀 있는 그림을 그려서 책을 갖고 싶은 마음을 달랬다.
  - 공부를 많이 해서 아는 것이 많아지기를 바라는 마음으로 책 그림을 그렸다.
  - 아이들이 열심히 공부하기를 바라는 마음으로 책 그림을 그려서 아이들 방에 걸어 두었다.

확장활동

- 방안놀이 시간에 민화에 담긴 이야기를 지어서 글로 써 보거나 그림을 그려 보게 한다.

관련활동

- 조형 영역 '먹물 그림' (114쪽 참고)
- 조형 영역 '문자도 만들기' (146쪽 참고)

집단형태
자유선택활동

활동유형
조형 영역

활동자료
먹물로 그린 그림(수묵화), 한지, 붓(2~3가지 굵기의 먹물용 붓), 먹, 벼루, 먹물, 물, 걸레, 작업복

활동목표

■ 수묵화의 아름다움을 감상하며 심미감을 기른다.

■ 한지와 붓을 탐색하고 특성을 안다.

■ 한지, 붓, 먹물을 사용하여 수묵화를 그려본다.

■ 자신의 생각을 먹물 그림으로 표현한다.

활동방법

○ 먹물로 그린 작품을 보며 이야기 나눈다.

■ 무엇을 그린 것일까요?

■ 이 그림은 무엇으로 그렸을까요?

• 붓에 검은 물감을 묻혀 그렸다.

■ ○○○ 반 어린이들도 물감과 붓을 이용해서 그림을 그린 적 있지요?

■ 우리가 그린 그림과 어떻게 다른가요?

• 검은색 물감으로만 그렸다.

• 한지에 그림을 그렸다.

○ 먹으로 검은 물감을 만들어 먹물을 소개한다.

■ 선생님이 검은색 물감을 만들어 볼게요.

■ (벼루를 보면서) 이 물건을 본 적이 있나요? 이것은 '벼루' 라고 해요. 돌로 만들었어요.

■ (먹을 보면서) 이 물건을 본 적이 있나요? 이것은 '먹' 이라고 해요. 먹이 무슨 색인가요?

• 검은색

■ 벼루에 물을 조금 붓고 먹을 문질러 갈아 볼게요. 먹을 갈 때는 먹의 끝을 쥐고 원을 그리듯이 움직이며 갈아요.

■ 물의 색깔이 어떻게 되었나요?

• 검은색이 되었다.

■ 이 검은색 물을 '먹물' 이라고 해요. 우리가 살펴본 그림도 먹물로 그린 거예요.

■ 먹물은 만드는 데는 시간이 오래 걸리기 때문에 미리 만든 '먹물' 을 준비해 왔어요.

먹물 그림 그리기

먹물 그림 작품 전시

○ 먹물 그림 그리는 방법을 설명한다.

■ (교사가 시범을 보이며) 붓에 먹물을 묻혀 볼게요. 붓을 들었을 때 먹물이 떨어지지 않도록, 벼루의 가장자리에 붓을 긁듯이 그어서 먹물의 양을 조절하세요.

○ 원하는 크기의 한지와 붓을 골라 그림을 그린다. ⓣIP

■ 한지에 붓으로 자신이 그리고 싶은 그림을 그리세요.

■ 그림을 다 그린 후에는 앞면 가장자리에 작은 붓으로 자신의 이름을 쓰세요.

관련활동

■ 이야기나누기 '민화 감상하기' (112쪽 참고)

■ 조형 영역 '문자도 만들기' (146쪽 참고)

전통예술

ⓣIP 유아들이 붓의 느낌을 탐색해 볼 수 있도록 지도한다. 붓에 묻히는 먹물의 양과 붓을 잡는 각도에 따라 달라지는 선을 관찰하게 한다.

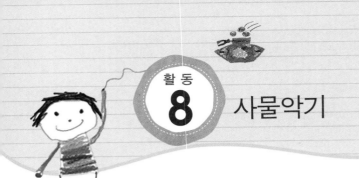

활동 8 사물악기

활동목표
- 사물악기의 생김새와 소리 특징을 안다.
- 사물악기 연주 방법을 익힌다.

활동방법
○ 사물악기를 소개한다.
- 국악기 사진들이 있어요.
  • 북, 징, 꽹과리, 장구, 가야금, 거문고, 해금, 대금, 소금 등
- 이 중에 북, 징, 꽹과리, 장구를 가리켜 '사물악기'라고 해요.
- 사람들은 명절이 되거나 마을에 즐거운 일이 있을 때 함께 모여 사물악기를 흥겹게 연주하며 놀았대요.
○ 사물악기를 직접 살펴보며 악기의 특징, 생김새, 연주자세, 소리의 특징을 알아본다.
- 사물놀이에 사용된 악기들을 살펴봅시다.

①북
○ 북의 생김새와 소리를 탐색한다.
- 어떻게 생겼나요? 무엇으로 만들었나요?
  • 나무와 가죽으로 만들었다.
  • 오동나무나 미루나무의 속을 파내고 양편에 소가죽과 말가죽을 붙인 다음 양쪽 가죽을 줄로 엮었다.
○ 사물악기 중에서 북의 역할을 소개한다.
- 북은 연주를 할 때 중요한 역할을 해요.
  • 다른 악기들을 조화롭게 연주할 수 있도록 박자를 힘 있게 짚어 준다.
○ 교사가 시범을 보이며 바른 연주 자세를 알아본다.
- 북을 어떻게 연주하는지 보여 줄게요.
  • 책상 다리를 하고 앉아 오른쪽 다리에 북을 올려놓을 수 있도록 오른쪽 다리를 조금 앞으로 내민다.
  • 오른발 뒤꿈치에 북을 올려놓고 왼손으로 북의 끈을 잡은 후, 오른손으로 주먹을 쥐듯이 채를 잡고 연주한다.
- 누가 나와서 선생님이 연주한 것처럼 북을 연주할 수 있을까요?

② 징

○ 징의 생김새와 소리를 탐색한다.

　■ 어떻게 생겼나요?

　　• 나무 기둥에 동그란 놋쇠판이 매달려 있으며, 헝겊으로 감은 채가 있다.

○ 사물악기 중에서 징의 역할을 소개한다.

　■ 징 소리를 들려줄게요. 소리가 어떤가요?

　　• 소리가 크고 웅장해서 멀리까지 들린다.

　　• 징을 한 번 치면 소리가 길게 울린다.

　■ 징은 큰 소리로 장단의 첫 박을 맞춰 주는 역할을 해요.

　■ 또 다른 악기 소리들을 모두 감싸서 멀리 울려 퍼지게 하는 역할을 해요.

○ 교사가 시범을 보이며 바른 연주 자세를 알아본다.

　■ 징을 어떻게 연주하는지 보여줄게요.

　　• 북과 같이 책상다리를 하고 바르게 앉아 왼손으로 징을 잡고 오른손으로 채를 잡고 연주한다.

　■ 누가 나와서 선생님이 연주한 것처럼 북을 연주할 수 있을까요?

③ 꽹과리

○ 꽹과리의 생김새와 소리를 탐색한다.

　■ 어떻게 생겼나요?

　　• 징보다 작은 크기의 동그란 놋쇠판에 끈이 매달려 있다.

　　• 나무로 만들어진 방망이 모양의 채가 있다.

○ 사물악기 중에서 꽹과리의 역할을 소개한다.

　■ 사물악기의 지휘자 역할을 해요. 네 악기 중 소리의 변화를 주기 가장 쉬워요.

　■ 다른 악기들이 꽹과리의 소리에 맞추어 장단이나 빠르기 등을 바꾸어 연주해요.

○ 교사가 시범을 보이며 바른 연주 자세를 알아본다.

　■ 꽹과리를 어떻게 연주하는지 보여줄게요.

　　• 꽹과리에 달린 끈을 손가락으로 1~2번 감아서 엮은 다음 놋쇠판 안쪽의 윗부분을 받쳐서 들고 연주한다.

　　• 채는 주먹을 쥐듯이 가볍게 잡는다.

　■ 누가 나와서 선생님이 연주한 것처럼 북을 연주할 수 있을까요?

④ 장구

○ 장구의 생김새를 살펴본다.

　■ 어떻게 생겼나요?

　　• 가운데 나무로 된 통이 있다.

　　• 양 끝은 가죽으로 이루어져 있고 양편의 가죽을 연결해 주는 끈들이 달려 있다.

　　• 끈들 사이에는 '축수' 라는 것이 있는데 이것을 조이거나 풀어서 음의 높이를

징 연주하기

조절할 수 있다.
- 장구를 치는 채는 북편과 채편으로 나누어져 있다.
  - 북편(궁채) : 막대기 끝에 동그란 나무가 달려 있으며, 왼쪽 손가락 세 개를 펴서 막대를 잡고 엄지손가락과 새끼손가락으로 감싸듯이 쥔다.
  - 채편(열채) : 길쭉한 모양이며 손잡이 부분은 도톰하다. 오른손으로 주먹을 쥐듯이 가볍게 잡는다.
○ 교사가 시범을 보이며 바른 연주 자세를 알아본다.
  - 장구는 어떻게 연주할까요?
    - 책상다리로 앉은 상태에서 장구를 자신의 몸보다 조금 왼편에 놓는다.
    - 북편은 위에서 아래로 내리면서 치고, 채편은 옆을 향해서 친다.
    - 어깨끈을 달아 메고 서서 움직이며 치기도 한다.
  - 누가 나와서 선생님이 연주한 것처럼 북을 연주할 수 있을까요?
○ 사물놀이 영상물을 감상한다.
  - 이제까지 사물놀이에 사용되는 악기에 대해 살펴보았어요. 이 악기들을 함께 연주하는 사물놀이 영상물을 감상해 봅시다.
  - 각 악기의 소리가 들렸나요?
  - 네 가지 악기가 어우러져 소리 나니 어떤 느낌이 들었나요?
  - 사물놀이 음악을 듣고싶은 사람은 방안놀이 시간에 음률 영역에서 들어볼 수 있어요.

유의점
- 활동을 마친 후에는 유아들이 악기를 충분히 탐색하고 연주해 볼 수 있는 기회를 제공해 준다. 악기의 소리가 크므로 주변의 건물에 있는 사람들과 통행하는 사람들에게 시끄럽게 들리지 않도록 유의한다. 주변에 방해를 주지 않는다면 반 실외 공간과 같이 독립적인 공간에서 연주할 수 있도록 한다.
- 본 활동을 2차시로 나누어 1차시에는 북과 장구, 2차시에는 징과 꽹과리에 대해 알아본다.

관련활동
- 이야기나누기 '여러 가지 국악기 - 타악기'(119쪽 참고)
- 이야기나누기 '여러 가지 국악기 - 관악기'(121쪽 참고)
- 이야기나누기 '여러 가지 국악기 - 현악기'(123쪽 참고)

여러 가지 국악기 – 타악기

활동목표

■ 국악기 중 타악기의 종류와 특징에 관심을 갖는다.

■ 국악기의 아름다움을 느낀다.

활동방법

○ 여러 가지 악기에 대한 유아들의 사전지식과 경험을 함께 나눈다.

■ 지금까지 어떤 악기를 연주해 봤나요?

■ 어떻게 연주했었나요? 어떤 소리가 났나요?

○ 국악기와 타악기의 뜻을 소개한다.

■ 우리나라 고유의 음악을 연주할 때 사용하는 악기를 '국악기' 라고 해요.

■ 국악기는 옛날에 우리나라 사람들이 처음 만들어서 전해 내려오는 것도 있고, 다른 나라 악기의 모습을 보고 우리나라 음악에 어울리게 바꿔 만든 것도 있어요.

■ 국악기는 연주하는 방법에 따라서 나눌 수 있어요. 특별히 채로 치거나 두드려서 소리를 내는 악기를 타악기라고 해요.

○ PPT 자료를 보며 여러 가지 타악기의 생김새, 이름, 연주 방법에 대해 이야기한다. **T**IP 2

① 박

■ 악기가 어떻게 생겼나요?

• 부채처럼 생겼다. 나무로 만들었다.

■ 악기 소리를 들어 봅시다.(연주 소리를 감상한다.) 소리를 들은 느낌이 어떤가요?

■ 어떻게 소리를 낼까요? 악기를 연주하는 모습을 봅시다(연주동영상을 감상한다).

• 나무로 만들어진 부채살 모양의 대를 양 손으로 접었다 펼치면서 소리를 낸다.

• 박은 주로 음악의 시작과 끝을 알릴 때 연주한다.

② 축

■ 악기가 어떻게 생겼나요?

• 네모난 모양의 절구 안에 절구공이가 들어 있는 모습이다.

■ 악기 소리를 들어 보세요(연주 소리를 감상한다). 소리를 들은 느낌이 어떤가요?

■ 어떻게 소리를 낼까요? 악기를 연주하는 모습을 봅시다(연주 동영상을 감상한다).

• 넓은 상자 가운데 뚫린 구멍에 막대를 넣고 두드려 소리를 낸다.

집단형태
대집단활동

활동유형
이야기나누기

활동자료
PPT 자료(여러 종류의 타악기 음원, 악기를 연주하는 모습을 담은 영상 자료를 포함하여 제작함) **T**IP 1

TIP 1 전라북도 한국전통소리문화 홈페이지(http://www.koreamusic.org)에서 다양한 국악기 음원과 동영상 자료를 제공받을 수 있다.

TIP 2 악기 소리, 생김새, 연주 방법 등을 중심으로 악기를 탐색한다. 악기 소리를 먼저 들어보고 악기의 생김새나 연주 방법을 유추해 보는 등 다양한 방법으로 악기를 소개한다. 또한 앞서 탐색했던 악기와 비교하며 비슷한 점과 다른 점을 찾아볼 수 있다.

- 축을 세 번 쳐서 음악이 시작하는 것을 알려준다.

③ 편종

- 악기가 어떻게 생겼나요?
  - 한 줄에 8개씩 두 줄로 16개의 종이 매달려 있다.
- 악기 소리를 들어 보세요(연주 소리를 감상한다). 소리를 들은 느낌이 어떤가요?
- 어떻게 소리를 낼까요? 악기를 연주하는 모습을 봅시다(연주 동영상을 감상한다).
  - 망치로 종을 쳐서 소리를 낸다. 종마다 음의 높이가 다르다.

④ 편경

- 편종과 이름과 생김새가 비슷하면서도 조금 다른 모습을 한 악기가 있어요. 악기가 어떻게 생겼나요? 편종과는 어떤 점이 다른가요?
  - 돌을 'ㄱ'자 모양으로 깎아서 한 줄에 8개씩 두 줄로 16개를 매달아 놓는다.
  - 편종은 종을 매달아 놓았지만 편경은 돌을 깎아서 매달아 놓았다.
  - 편종은 쇠로 만들었고, 편경은 돌로 만들었다.
- 악기 소리를 들어 보세요(연주 소리를 감상한다). 소리를 들은 느낌이 어떤가요? 편종 소리와는 어떤 점이 다른가요?
- 어떻게 소리를 낼까요? 악기를 연주하는 모습을 봅시다(연주 동영상을 감상한다).
  - 망치로 쳐서 돌이 소리를 낸다.
- 편종과 편경은 우리나라 음악에서 항상 함께 사용되었던 악기예요.

⑤ 어

- 악기가 어떻게 생겼나요?
  - 호랑이가 엎드려 있는 모양이다. 등에 27개의 톱니가 있다.
- 악기 소리를 들어 보세요(연주 소리를 감상한다). 소리를 들은 느낌이 어떤가요?
- 어떻게 소리를 낼까요? 악기를 연주하는 모습을 봅시다(연주 동영상을 감상한다).
  - '견'이라는 막대로 톱니를 긁어서 소리를 낸다.
  - 음악을 마칠 때 쓰던 악기로 호랑이의 목덜미를 세 번 친 다음에 톱니를 세 번 긁으면 마치는 신호이다.

유의점

- 유아들이 악기 소리, 생김새에 대해 다양한 느낌과 생각을 표현할 수 있도록 격려하고 유아들의 반응을 수용한다.
- 본 활동은 한 차시로 실시하기에 악기의 종류와 수가 많으므로 유아들의 관심과 집중도에 따라 여러 차시로 나누어 실시한다.

관련활동

- 이야기나누기 '여러 가지 국악기 – 관악기'(121쪽 참고)
- 이야기나누기 '여러 가지 국악기 – 현악기'(123쪽 참고)

활동 10 여러 가지 국악기 – 관악기

활동목표

■ 국악기 중 관악기의 종류와 특징에 관심을 갖는다.

■ 국악기의 아름다움을 느낀다.

활동방법

○ 관악기의 뜻을 소개한다.

■ 국악기 중에는 속이 빈 관을 입으로 불어서 소리를 내는 악기들이 있어요. 이런 악기를 '관악기' 라고 해요.

○ PPT 자료를 보며 여러 가지 관악기의 생김새, 이름, 연주 방법에 대해 이야기한다.

① **피리**

■ 악기가 어떻게 생겼나요?

• 속이 비어 있는 막대 모양의 나무에 8개의 구멍이 있다.

■ 악기 소리를 들어 봅시다(연주 소리를 감상한다). 소리를 들은 느낌이 어떤가요?

■ 어떻게 소리를 낼까요? 악기를 연주하는 모습을 봅시다(연주 동영상을 감상한다).

• 피리의 윗부분을 불면서 손가락으로 구멍을 열고 닫으며 소리를 낸다.

• 8개의 구멍 중에서 몇 개를 열고 닫았는지에 따라서 소리의 높낮이가 달라진다.

② **대금**

■ 악기가 어떻게 생겼나요? 피리와는 어떤 점이 비슷하고 다른가요?

• 나무로 만들어졌고 구멍이 있는 점은 비슷하나 피리보다 길이가 길고 나무통 이 넓다.

■ 악기 소리를 들어봅시다(연주 소리를 감상한다). 소리를 들은 느낌이 어떤가요?

■ 어떻게 소리를 낼까요? 악기를 연주하는 모습을 봅시다(연주 동영상을 감상한 다). 피리와 다른 점은 무엇인가요?

• 6개의 구멍을 손가락으로 열고 닫으면서 소리를 낸다. 열고 닫은 구멍의 개 수에 따라 소리의 높낮이가 달라진다.

• 피리는 세로로, 대금은 가로로 들고 불어서 소리를 낸다.

③ **생황**

■ 악기가 어떻게 생겼나요?

• 박이나 나무로 만든 통에 대나무로 만든 17개의 관이 꽂혀 있다.

집단형태

대집단활동

활동유형

이야기나누기

활동자료

PPT 자료(여러 종류의 관악기 음원, 악기를 연주하는 모습을 담은 영상 자료를 포함하여 제작함) **TIP**

TIP 전라북도 한국전통소리문화 홈페이지(http://www.koreamusic. org)에서 다양한 국악기 음원과 동영상 자료를 제공받을 수 있다.

■ 악기 소리를 들어 봅시다(연주 소리를 감상한다). 소리를 들은 느낌이 어떤가요?

■ 어떻게 소리를 낼까요? 악기를 연주하는 모습을 봅시다(연주 동영상을 감상한다).

• 옆에 나와 있는 부리를 불어서 소리를 낸다.

• 서로 다른 음높이의 소리를 동시에 낼 수 있다.

④ **나발**

■ 악기가 어떻게 생겼나요?

• 나팔과 비슷한 모양으로 생겨서 나팔이라고도 부른다.

• 국악기 중에서 유일하게 놋쇠로 만들었다.

■ 악기 소리를 들어 봅시다(연주 소리를 감상한다). 소리를 들은 느낌이 어떤가요?

■ 어떻게 소리를 낼까요? 악기를 연주하는 모습을 봅시다(연주 동영상을 감상한다).

• 가늘고 긴 관의 끝 부분을 불어서 소리를 낸다.

• 한 가지 소리를 길게 부는 경우가 많다.

• 군인들이 행진할 때나 수문장 교대식에서 사용한다.

• 풍물놀이 시에 음악의 시작을 알려주는 신호로 사용하기도 한다.

⑤ **나각**

■ 악기가 어떻게 생겼나요? 무엇으로 만들었을까요?

• 소라의 껍데기에 구멍을 내서 만들었다.

■ 악기 소리를 들어 봅시다(연주 소리를 감상한다). 어떤 느낌이 드나요?

■ 어떻게 소리를 낼까요? 악기를 연주하는 모습을 봅시다(연주 동영상을 감상한다).

• 소라 껍데기에 구멍을 뚫고, 그곳을 불어서 소리를 낸다.

• 나발과 같이 한 가지 소리를 길게 부는 경우가 많다.

• 주로 군인들이 행진할 때 자주 사용되었다.

> **유의점**

■ 유아들이 악기 소리, 생김새에 대해 다양한 느낌과 생각을 표현할 수 있도록 격려하고 유아들의 반응을 수용한다.

■ 본 활동은 한 차시로 실시하기에 악기의 종류와 수가 많으므로 유아들의 관심과 집중도에 따라 여러 차시로 나누어 실시한다.

> **관련활동**

■ 이야기나누기 '여러 가지 국악기 – 타악기'(119쪽 참조)

■ 이야기나누기 '여러 가지 국악기 – 현악기'(123쪽 참조)

활동 11 여러 가지 국악기 – 현악기

활동목표

- 국악기 중 현악기의 종류와 특징에 관심을 갖는다.
- 국악기의 아름다움을 느낀다.

활동방법

○ 현악기의 뜻을 소개한다.

- (바이올린, 첼로 사진을 보여주며) 이 악기를 연주하는 모습을 본 적이 있나요? 어떻게 연주했나요?
  - 활로 줄을 그어서 연주한다.
- 국악기 중에도 활로 줄을 긋거나 손가락으로 줄을 튕겨서 소리를 내는 악기가 있어요. 이런 악기를 '현악기' 라고 해요.

○ PPT 자료를 보며 여러 가지 현악기의 생김새, 이름, 연주 방법에 대해 이야기한다. **TIP 2**

① **가야금**

- 악기가 어떻게 생겼나요?
  - 오동나무에 명주실 12줄을 달아 놓은 악기이다. 줄을 받치는 받침대는 벚나무로 만들었다.
- 악기 소리를 들어 보세요(연주 소리를 감상한다). 소리를 들은 느낌이 어떤가요?
- 어떻게 소리를 낼까요? 악기를 연주하는 모습을 봅시다(연주 동영상을 감상한다).
  - 손가락으로 줄을 뜯어서 소리를 낸다.

② **거문고**

- 어떤 악기와 모양이 비슷한가요? 가야금과 비슷한 점과 다른 점은 무엇일까요?
  - 오동나무로 만들고 명주실을 달아 놓은 점은 가야금과 비슷하다.
  - 거문고는 명주실을 6줄 달아 놓아 줄의 수가 다르다.
  - 거문고는 앞판은 오동나무, 뒷판은 밤나무를 붙여서 만든다.
- 악기 소리를 들어 보세요(연주 소리를 감상한다). 소리를 들은 느낌이 어떤가요?
- 어떻게 소리를 낼까요? 악기를 연주하는 모습을 봅시다(연주 동영상을 감상한다). 가야금과 다른 점은 무엇인가요?
  - 가야금은 손으로 뜯어서 소리를 내지만, 거문고는 술대라고 부르는 막대기로

집단형태
대집단활동

활동유형
이야기나누기

활동자료
PPT 자료(여러 종류의 현악기 음원, 악기를 연주하는 모습을 담은 영상 자료를 포함하여 제작함) **TIP 1**

TIP 1 전라북도 한국전통소리문화 홈페이지(http://www.koreamusic.org)에서 다양한 국악기 음원과 동영상 자료를 제공받을 수 있다.

TIP 2 가야금, 거문고, 아쟁의 경우 비슷한 모양을 하고 있으나 연주 방법에 있어 차이를 보이므로 같은 점과 다른 점을 찾아보게 한다.

줄을 쳐서 소리를 낸다.

③ 해금

■ 악기가 어떻게 생겼나요?
  • 밑부분에 동그란 울림통이 있다. 울림통에는 긴 대가 달려 있으며 대에는 2개의 줄이 있다.
  • 긴 막대에 털이 달린 활이 있다. 활의 털은 말의 갈기나 꼬리털인 말총으로 만들었다.
■ 악기 소리를 들어 보세요(연주 소리를 감상한다). 소리를 들은 느낌이 어떤가요?
  • 해금 소리가 '깡깡깡'이라고 들린다고 해서 '깡깡이'라고 부르기도 한다.
■ 어떻게 소리를 낼까요? 악기를 연주하는 모습을 봅시다(연주 동영상을 감상한다).
  • 활을 안 줄과 바깥 줄 사이에 넣고 줄을 문질러서 연주한다.

④ 아쟁

■ 악기가 어떻게 생겼나요? 어떤 악기와 비슷하게 생겼나요?
  • 가야금 거문고와 비슷하게 생겼다.
  • 7개 혹은 9개의 줄이 있으며 활이 있다.
■ 악기 소리를 들어 보세요(연주 소리를 감상한다). 소리를 들은 느낌이 어떤가요?
■ 어떻게 소리를 낼까요? 악기를 연주하는 모습을 봅시다(연주 동영상을 감상한다). 다른 현악기와 어떤 점이 비슷한가요? 다른 점은 무엇인가요?
  • 가야금은 손으로 줄을 뜯고, 거문고는 술대로 줄을 쳐서 연주하고, 아쟁은 활로 줄을 문질러서 소리를 낸다.
  • 활을 사용해서 연주하는 것은 해금과 비슷하다.

⑤ 양금

■ 악기가 어떻게 생겼나요?
  • 네모난 나무판에 철로 만들어진 줄을 올려놓았다.
  • 대나무 껍질로 만든 채가 있다.
■ '양금'은 한자로 외국의 거문고라는 뜻을 가지고 있어요. 양금은 외국에서 들여왔기 때문에 부르게 된 이름이에요.
■ 악기 소리를 들어 보세요(연주 소리를 감상한다). 소리를 들은 느낌이 어떤가요?
■ 어떻게 소리를 낼까요? 악기를 연주하는 모습을 봅시다(연주 동영상을 감상한다).
  • 철로 만든 줄을 작은 채로 쳐서 소리를 낸다.

유의점

■ 유아들이 악기 소리, 생김새에 대해 다양한 느낌과 생각을 표현할 수 있도록 격려하고 유아들의 반응을 수용한다.
■ 본 활동은 한 차시로 실시하기에 악기의 종류와 수가 많으므로 유아들의 관심

과 집중도에 따라 여러 차시로 나누어 실시한다.

관련활동

- 이야기나누기 '여러 가지 국악기 – 타악기' (119쪽 참고)
- 이야기나누기 '여러 가지 국악기 – 관악기' (121쪽 참고)

전통예술

4. 상징

활동 1 우리나라를 나타내는 것들 - 태극기

집단형태
대집단 활동

활동유형
이야기나누기

활동자료
태극기 그림 및 실물자료(퍼즐 형태의 태극기 그림자료와 태극기 각 부분의 명칭과 뜻을 적은 글자 카드, 태극기)

'태극기' 그림자료

활동목표

■ 우리나라를 상징하는 국기를 안다.

■ 태극기에 민족정신이 담겨 있음을 안다.

■ 태극기를 대하는 예절을 안다.

활동방법

○ 우리나라와 다른 나라를 구별하는 방법에 대하여 이야기를 나눈다.

■ 우리나라와 다른 나라들의 다른 점은 무엇일까요?

• 나라 이름 : 우리나라 이름은 '대한민국'이고 줄여서 '한국'이라고도 부른다. 외국 사람들은 'KOREA(코리아)'라고 부른다.

• 날씨, 땅 모양, 사람들의 피부색 등이 다르다.

■ 월드컵이나 올림픽처럼 여러 나라 사람들이 한데 모여 있을 때 어떻게 우리나라 사람들을 찾을 수 있을까요?

• 한복을 입은 사람

• 태극기를 들고 있거나 옷에 달고 있는 사람

• '대한민국'이라는 이름을 쓴 옷을 입고 있는 사람

• 태극무늬 부채를 들고 있는 사람

○ 우리나라를 나타내는 것 중 태극기에 대하여 이야기를 나눈다.

■ 여러 나라 사람들이 모여 있을 때 누구나 쉽게 어느 나라인지 알아볼 수 있게 하기 위해 그 나라를 나타내는 '국기'를 만들어 사용해요. 우리나라의 국기는 무엇인가요?

• 태극무늬가 그려져 있는 깃발이어서 '태극기'라고 한다.

■ 우리 반에(우리 유치원에) 태극기는 어디에 있나요?

■ 태극기는 어떻게 생겼나요?

• 동그라미 안에 물결무늬가 있다.

■ 이 물결을 무엇이라고 부르나요?

• 태극무늬

■ 태극기의 양 귀퉁이는 어떤 모양이 있나요?

• 검은색 선들이 그려져 있다. 이것을 '괘'라고 한다.

- 모두 4개의 괘가 있어 '4괘'라고 한다.

○ 태극기의 각 모양(태극, 4괘)의 명칭과 뜻(정신)에 대해 이야기한다.

- 태극기에는 우리나라 사람들이 중요하게 생각했던 정신(마음, 생각)이 담겨 있어요.

- 태극의 빨간색은 밝음과 태양을 뜻하고 파란색은 희망을 뜻해요.

- 태극기의 4괘에는 봄, 여름, 가을, 겨울 / 하늘, 땅, 태양, 달 / 동, 서, 남, 북의 뜻이 들어 있어요. 또한 우리 조상들이 중요하게 생각했던 정신, 다른 사람들과 함께 지낼 때 지켜야 할 약속이 담겨 있어요.

① 건(乾) : 인(仁)

- '○○는 참 마음이 어질구나.'라는 말을 들어 본 적이 있나요?

- 어떤 사람을 마음이 어질다고 할까요?

  - 친구를 사랑하는 마음, 다른 사람의 잘못을 용서할 수 있는 넓은 마음을 가진 사람을 어질다고 한다.

② 곤(坤) : 의(義)

- 생각과 행동이 바른 사람을 '의롭다'고 해요. 어떤 생각이 바른 생각일까요? 어떤 행동이 올바르고 훌륭하다고 생각하나요?

  - 약속을 잘 지키는 사람, 잘못된 행동을 하지 않으려 노력하는 사람, 다른 사람의 잘못을 고쳐 주려고 노력하는 사람, 남을 돕는 사람, 용기 있는 사람, 비겁하지 않은 사람을 의롭다고 한다.

③ 이(離) : 예(禮)

- 옛날부터 세계 여러 나라 사람들은 대한민국 사람들이 예의가 바르다고 생각했어요. 어떤 행동이 예의가 바른 행동일까요?

  - 다른 사람을 방해하지 않는 것, 다른 사람이 말할 때 중간에 말하지 않는 것, 다리를 잘 모으고 앉는 것, 실내에서 걸어 다니는 것, 어른께 존댓말을 사용하는 것 등이 예의가 바른 행동이다.

④ 감(坎) : 지(智)

- 지혜롭다는 말을 들어 보았나요? 어떤 것이 지혜로운 것일까요?

  - 좋은 생각을 잘 해내는 것을 지혜롭다고 한다.

○ 태극기에 대한 예의와 태극기를 대하는 태도에 대하여 이야기 나눈다.

- 이렇게 우리나라의 정신이 담긴 국기인 태극기를 어떻게 다루어야 할까요?

  - 함부로 구기거나 더럽히지 않고 소중하게 다루어야 한다.

  - 아무 곳에나 두지 않고 태극기를 함에 넣어 보관해야 한다.

○ 태극기를 바라보며 '태극기' 노래를 불러 본다.

- 우리나라 태극기를 보며 만든 노래가 있어요. 노래를 아는 사람들은 선생님과 함께 불러 봅시다.

- 우리나라 국기에 대한 노래이므로 바른 태도로 태극기에 담긴 뜻을 생각하며 불러 보세요.

유의점

- 태극기의 4괘에 담긴 정신을 소개할 때 유아들이 어려워하거나 지루해 하지 않도록 다양한 생활 경험과 연결하여 이야기 나눈다. 이를 통해 유아들이 태극기의 정신을 일상생활 속에서 실천할 수 있도록 한다.

관련활동

- 이야기나누기 '우리나라를 나타내는 것들 – 국민의례' (136쪽 참고)
- 동시 '태극선' (133쪽 참고)
- 조형 영역 '태극기 공판화' (131쪽 참고)

악보

태극기

작사 강소천
작곡 박태현

1. 태 극 기 가 바 람 에 펄 럭 입 니 다
2. 태 극 기 가 힘 차 게 펄 럭 입 니 다

하 늘 높 이 아 름 답 게 펄 럭 입 니 다
태 극 기 는 우 리 나 라 깃 발 입 니 다

활동 2 태극기 공판화

집단형태
자유선택활동

활동유형
조형 영역

활동목표

■ 태극기의 형태를 안다.

■ 공판화 기법 활용하여 작품을 만든다.

활동방법

○ 태극기의 생김새를 탐색한다. **T**IP 2

■ 선생님이 태극기를 가져왔어요. 태극기가 어떻게 생겼나요?

• 가운데에 태극무늬가 있다.

• 태극기의 네 귀퉁이에 선들이 있다.

■ 태극기의 네 귀퉁이에 있는 선들을 무엇이라고 부른다고 했나요?

• '괘' 라고 한다. 모두 4개의 괘가 있어 '4괘' 라고 한다.

○ 태극기의 무늬에 담긴 뜻에 대해 회상한다.

■ 태극의 태극무늬에는 어떤 뜻이 담겨 있나요?

• 빨간색은 밝음과 태양을 뜻한다.

• 파란색 희망을 뜻한다.

■ 태극기의 4괘에는 어떤 뜻이 담겨 있나요?

• 봄, 여름, 가을, 겨울

• 하늘, 땅, 태양, 달

• 동, 서, 남, 북

○ 태극기 공판화 활동을 소개한다.

• 판화로 태극기를 찍어낼 거예요.

• (공판화판을 보여주며) 판화를 할 때 이런 판을 사용할 거예요. 판이 어떻게 생겼나요?

• 태극 모양, 각 괘 모양으로 구멍이 뚫려 있다.

• 구멍이 뚫린 판으로 찍는 판화를 '공판화' 라고 해요. '공(孔)' 은 한자로 구멍을 뜻해요.

■ 공판으로 어떻게 태극기를 찍어낼 수 있을까요?

• 종이 위에 공판을 올려놓고 스펀지 붓으로 두드리면 공판의 구멍으로 물감이 통과하여 종이에 묻는다.

활동자료

태극기 공판화판(괘 1개, 태극 문양 부분 2개) 3쌍 **T**IP 1, 스펀지 붓, 물감(빨강, 파랑, 검정), 도화지, 신문지, 셀로판테이프, 연필, 작업복, 건조대, 작업 순서도

'태극기 공판화' 작업 준비

TIP 1 투명한 OHP 필름으로 공판화판을 만들면 유아들이 각 색깔별로 판화를 찍어낼 때 알맞은 위치를 잡기가 쉽다.

TIP 2 본 활동을 실시하기 전 '우리나라를 나타내는 것들 – 태극기' 이야기나누기 활동을 실시하여 유아들이 태극기에 대한 배경 지식을 갖추도록 한다.

태극기 공판화 만들기

          • 여러 개의 공판을 순서대로 알맞은 자리에 찍어낸다.

○ 순서도를 보며 태극기 공판화를 만든다.

  ■ 어떤 순서로 태극기 공판화를 찍는지 함께 보도록 해요.

        • 도화지의 뒷면에 이름을 쓴다.

        • 신문지 위에 도화지를 올리고 움직이지 않도록 셀로판테이프로 고정시킨다.

        • 도화지 위에 태극무늬 중 **빨간색**을 놓고 셀로판테이프로 고정시킨다.

        • 스펀지 붓에 **빨간색** 물감을 묻혀 도화지에 **빨간색**을 찍어내고 공판을 떼어 낸다.

        • **빨간색**이 조금 마르길 기다렸다가 같은 방법으로 태극무늬 중 파란색과 괘 부분을 찍어낸다.

        • 건조대에 작품을 올려 물감을 말린다.

  ■ 순서대로 공판화를 만들어 봅시다.

○ 완성된 태극기 공판화는 교실에 전시한다.

관련활동

  ■ 이야기나누기 '우리나라를 나타내는 것들 − 태극기' (128쪽 참고)

  ■ 이야기나누기 '우리나라를 나타내는 것들 − 국민의례' (136쪽 참고)

  ■ 동시 '태극선' (133쪽 참고)

활 동 3 태극선

활동목표

■ 태극무늬를 안다.

■ 동시의 내용을 이해한다.

■ 반복된 구절을 낭송하며 운율을 느낀다.

활동방법

○ 태극선을 소개한다.

■ 이것은 무엇인가요?

• 부채

■ 부채는 언제 쓰는 것인가요?

• 더울 때 부채를 부쳐서 시원한 바람을 만든다.

■ 부채에 이런 무늬가 있는데 본 적이 있나요?

■ 이 무늬는 '태극' 이라고 불러요. 이렇게 태극무늬가 있는 부채를 무엇이라고 부르는지 아나요?

• 태극부채

■ 태극부채라고도 하고, '태극선' 이라고도 해요. '선(扇)' 은 한자로 '부채' 라는 뜻이에요.

■ 태극무늬에 어떤 색깔이 있나요?

• 빨강, 노랑, 파랑

○ 동시를 들려준다.

■ 윤석중 작가가 지은 '태극선' 이란 동시가 있어요. 선생님이 먼저 낭송해 볼게요. 잘 들어보세요.

○ 동시를 들은 느낌을 이야기 나눈다.

■ 동시를 듣고 느낀 점이나 떠오른 점을 이야기해 줄 사람 있나요?

• 더운 날 태극선을 들고 시원하게 부채질하는 모습이 떠오른다.

• 동시에 나왔던 바다를 생각하니 시원한 느낌이 든다.

○ 동시자료를 게시판에 붙이며 동시 내용을 유아들과 함께 이야기 나눈다.

■ 태극선의 태극무늬는 어떤 색깔로 되어 있나요?

• 빨강, 노랑, 파랑

'태극선' 동시자료

- 그래서 부채 속에 어떤 색깔 바람이 들어 있다고 생각했나요?
  - 빨강 바람, 노랑 바람, 파랑 바람
- 빨강 바람은 어디에서 온 바람인가요?
  - 해
- 해 바람은 어디에서 부는 바람인가요?
  - 하늘에서 부는 바람
- 노랑 바람은 어디에서 온 바람인가요?
  - 꽃
- 꽃 바람은 어디에서 부는 바람인가요?
  - 땅에서 부는 바람
- 파랑 바람은 어디에서 온 바람인가요?
  - 물
- 물 바람은 어디에서 부는 바람인가요?
  - 바다에서 부는 바람
- 그러면 부채 속에는 어떤 것들이 들어있나요?
  - 하늘, 땅, 바다
○ 자료를 사용하면서 동시를 다시 한 번 들려준다.
- 선생님이 한 번 더 동시를 낭송해 볼게요.
○ 유아들과 함께 동시를 낭송한다.
- 선생님과 함께 동시를 낭송해 볼 거예요. ○○○반 어린이들이 각 줄의 앞부분인 '부채 속에, 빨강 바람, 노랑 바람, 파랑 바람, 부채 속에'를 낭송하면, 선생님이 그 뒷부분을 낭송할게요.
- 방금 나누어서 낭송한 부분을 바꾸어서 한 번 더 낭송해 봅시다.
- 처음부터 끝까지 다 함께 읊어 봅시다. 다른 사람들과 함께 속도를 맞추어서 적당한 크기의 목소리로 낭송해 보도록 해요.

관련활동

- 이야기나누기 '우리나라를 나타내는 것들 ― 태극기' (128쪽 참고)
- 조형 영역 '태극기 공판화' (131쪽 참고)

태극선

윤석중

부채 속에 빨강 바람 들어 있어요.
부채 속에 노랑 바람 들어 있어요.
부채 속에 파랑 바람 들어 있어요.

빨강 바람 해 바람 하늘 바람이고요.
노랑 바람 꽃 바람 땅 바람이고요.
파랑 바람 물 바람 바다 바람이지요.

부채 속에 하늘이 들어 있어요.
부채 속에 땅덩이 들어 있어요.
부채 속에 바다가 들어 있어요.

상징

우리나라를 나타내는 것들
- 국민의례

집단형태
대집단 활동

활동유형
이야기나누기

활동자료
태극기(실물), 국기에 대한 경례곡과 애국가 반주가 녹음된 카세트테이프, 국기에 대한 맹세와 관련된 사진자료

활동목표

■ 국민의례의 의미를 안다.

■ 국민의례를 하는 방법과 바른 태도에 대해 안다.

■ 나라를 사랑하는 마음을 갖는다.

활동방법

○ 월드컵이나 올림픽 경기에서 우리나라 선수들이 국민의례를 하는 영상을 보면서 국민의례를 소개한다.

■ 우리나라 선수들이 무엇을 하고 있나요?

• 국기를 바라보면서 가슴에 손을 올리고 있다.

■ 이런 모습을 또 본 적이 있나요? 언제 보았나요?

■ 큰 행사가 있을 때 우리나라를 사랑하고 존경하는 마음을 표현하고자 제일 먼저 하는 것이 있어요. 어려운 말로 '국민의례' 라고 해요.

■ 국민의례는 국기에 대한 경례와 맹세, 애국가, 묵념 세 가지로 나눌 수 있어요.

○ 국기에 대한 경례에 대해 이야기한다.

■ 국기를 소중히 여기는 마음으로 국기에 대하여 인사를 하는 것을 '국기에 대한 경례' 라고 해요.

■ 사진 속의 사람들이 태극기를 보며 어떻게 하고 있나요?

• 오른손을 펴서 가지런히 모은 후 왼쪽 가슴에 얹고 있다.

• 모자를 쓴 사람들은 오른 손바닥을 곧게 편 채로 손끝을 모자 챙 옆까지 올리는 거수경례를 하고 있다.

■ 국기에 대한 경례를 할 때 나라를 사랑하는 마음을 말로 표현하기도 해요. 이것을 '국기에 대한 맹세' 라고 해요.

■ '맹세' 는 어떤 약속을 꼭 실천하겠다고 다짐하는 것을 말해요. 굳게 약속한 것을 적은 글을 '맹세문' 이라고 해요.

■ 선생님이 읽어주는 국기에 대한 맹세문을 들어 봅시다.

■ 국기에 대한 경례는 어떤 태도로 해야 할까요?

• 나라를 생각하면서 바른 자세, 진지한 마음으로 해야 한다.

○ 애국가와 묵념에 대해 이야기한다.

- (애국가를 들려주며) 이 노래를 무엇일까요?
    - 애국가
- 애국가는 어떤 노래인가요?
    - 나라를 사랑하는 노래라는 뜻이다.
    - 우리나라를 대표하고 나타내는 노래다.
- 애국가는 어떤 마음과 태도로 불러야 할까요?
    - 우리나라를 사랑하고 아끼는 마음으로 불러야 한다.
- 국민의례를 할 때 우리나라를 위해 힘쓰다 돌아가신 분들을 생각하며 마음속으로 기도를 하기도 해요. 이것을 '묵념' 이라고 해요.
- 나라를 위해 싸우다 돌아가신 분들을 생각하고 기도하는 날인 '현충일' 에는 국민의례를 할 때 다 함께 묵념하는 시간을 가져요.
○ 국민의례 순서에 따라 연습하면서 국민의례에 참여하는 바른 태도와 의미를 되새긴다.
- 다 함께 자리에서 일어서세요. 태극기를 바라보고 서세요.
- 국기에 대한 경례! (국기에 대한 맹세문 낭독) 바로!
- 다 함께 애국가를 부르겠습니다.
- 다시 자리에 앉아 주세요.
○ 앞으로 올바른 태도로 국민의례에 참여할 것을 다짐한다.

관련활동
- 노래 '애국가' (138쪽 참고)
- 이야기나누기 '우리나라를 나타내는 것들 － 태극기' (128쪽 참고)
- 이야기나누기 '우리나라를 나타내는 것들 － 무궁화' (140쪽 참고)

집단형태

대집단활동

활동유형

노래

활동자료

애국가를 부르는 사진 또는 영상 자료, 안익태 작가 사진, 애국가 노래자료, 노랫말 자료, 태극기

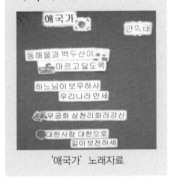

'애국가' 노래자료

활동목표

■ 애국가를 부르는 바른 태도를 알고 익힌다.

■ 나라를 사랑하는 마음을 갖는다.

활동방법

○ 애국가를 소개한다.

■ 우리나라의 국가는 무엇인가요?

• 애국가

■ 애국가를 언제 들어보았나요?

• 월드컵 경기, 올림픽 경기

■ 애국가는 나라를 사랑하는 마음으로 온 국민이 함께 부르는 노래예요.

■ 사람들은 올림픽이나 월드컵처럼 세계 여러 나라가 참여하는 행사에서 자신의 나라를 소개하는 방법으로 국가를 불러요. 또 나라에 좋은 일이 생겼을 때, 사람들이 모여서 중요한 회의나 큰 행사를 하기 전에 나라를 생각하는 마음으로 부르지요.

■ 나라마다 나라를 대표하는 국가가 있는데 우리나라의 국가를 '애국가'라고 말해요.

■ 몇 달 뒤 유치원을 졸업하는 졸업식에서도 애국가를 부를 거예요.

○ 다양한 상황에서의 애국가를 듣는다.

■ 선생님이 애국가를 부르는 모습이 담긴 영상 자료를 봅시다.

■ 이곳은 어디인가요? 무엇을 하기 전(후)에 애국가를 부르나요?

• 축구 경기장 : 나라 대표들끼리 하는 축구 시합 전

• 유치원 졸업식장 : 졸업식을 시작하자마자

○ 교사가 부르는 애국가를 듣는다. **T**IP

■ 선생님이 애국가를 불러볼 테니 어떤 노랫말이 있는지 잘 들어보세요.

○ 애국가의 노랫말을 소개한다.

■ 어려운 단어의 뜻과 노랫말의 의미를 살펴본다.

• 보우하사 : 보호하고 도와줌

• 삼천리 화려강산 : 환하게 빛나서 아름답고 고운 우리나라의 강과 산

TIP 영상을 통해 애국가를 감상할 때에는 애국가를 부르는 다양한 상황을 알게 하는 데에 초점을 두고, 교사가 노래를 부를 때에는 유아들에게 정확한 멜로디와 노랫말을 전달하는 데에 초점을 둔다.

- 보전하세 : 잘 보호하여 후손들에게 물려줌

○ 피아노 소리로 멜로디를 듣는다.

○ 애국가를 부르는 태도에 대해 이야기한다.

- 애국가는 어떤 태도로 불러야 하나요?

  • 태극기를 바라보고 서서 나라를 사랑하는 마음으로 진지하고 경건하게 불러 야 한다.

○ 자리에서 일어서서 바른 태도로 다 함께 부른다.

- 모두 일어나 바른 태도로 애국가를 불러 봅시다.

- ○○○반의 태극기는 어디 걸려 있나요? 태극기를 바라보고 불러 봅시다.

관련활동

- 이야기나누기 '우리나라를 나타내는 것들 – 태극기'(128쪽 참고)
- 이야기나누기 '우리나라를 나타내는 것들 – 국민의례'(136쪽 참고)
- 이야기나누기 '우리나라를 나타내는 것들 – 무궁화'(140쪽 참고)

악 보

애국가

작곡 안익태

활동
6

우리나라를 나타내는 것들
– 무궁화

집단형태
대집단 활동

활동유형
이야기나누기

활동자료
무궁화가 그려진 국가 상징물(태극기 국기봉, 대통령 휘장, 정부 문양)의 사진, 무궁화 심기 운동 관련 신문 기사('농어촌공사, 무궁화 심기 운동 전개' 2010.4.14 농민신문 기사에서 발췌)

활동목표
- 무궁화는 우리나라를 대표하는 꽃임을 안다.
- 무궁화를 사랑하고 소중히 여기는 태도를 기른다.

활동방법
○ 무궁화가 우리나라 국화임을 이야기한다.
- 우리나라를 나타내는 국기는 무엇인가요?
  - 태극기
- 우리나라를 대표하는 노래는 무엇인가요?
  - 애국가
- 우리나라를 나타내는 꽃도 있어요. 무슨 꽃일까요?
  - 무궁화
- 선생님이 보여주는 물건이나 표시에서 무궁화를 찾아보세요. 어떤 물건인가요? 무슨 표시일까요? 무궁화가 어디에 있나요?
  - 국기봉 : 태극기 국기봉의 맨 윗부분이 무궁화 봉오리 모양이다.
  - 대통령휘장 : 대통령을 나타내는 표시에 무궁화가 그려져 있다.
  - 정부 문양 : 우리나라를 위해 일하는 곳임을 알려주는 표시이다. 무궁화 모양 속에 기관의 이름이 적혀 있다.
○ 무궁화의 특징에 대해 알아보고, 우리나라를 나타내는 꽃으로써 무궁화의 의미에 대해 이야기한다.
- 무궁화는 어떤 꽃일까요?
  - 여름에 피며 100일 동안 계속해서 꽃이 핀다.
  - 꽃잎 색깔은 전체적으로 연분홍색을 띠면서 안쪽만 진분홍색이다. 요즘에는 하얀색을 띤 무궁화도 있다.
- 왜 무궁화가 우리나라를 나타내는 꽃일까요?
  - 꽃이 오랫동안 피어 있는 점과, 강하면서도 우아한 모습이 어렵고 힘든 일도 잘 헤쳐 나가는 우리나라 사람들의 모습과 닮았다고 생각해서 무궁화를 국화로 정했다.
  - 꽃이 계속 피어나는 것을 보고 우리나라도 무궁화처럼 영원히 번영하는 나라

가 되기를 바라는 마음에서 무궁화를 국화로 정했다.

○ 무궁화 심기 운동을 소개하고 무궁화를 대하는 태도에 대해 이야기한다.

■ 선생님이 애국가를 불러 볼게요. 애국가에서 무궁화가 나오는 부분을 찾아보세요. 어느 부분에 무궁화가 나왔나요?

• 무궁화 삼천리 화려강산 : 무궁화가 우리나라에 가득한 것을 나타낸다.

■ 애국가의 노랫말처럼 옛날에는 무궁화가 우리나라 곳곳에 피어 있어서 쉽게 무궁화를 볼 수가 있었어요. 그러나 요즘에는 무궁화를 보기가 힘들어졌어요. 왜 그럴까요?

• 일제강점기에 우리나라 사람들이 무궁화를 소중히 여기는 모습을 보고 일본 사람들이 무궁화나무를 불태우거나 뽑아 버렸다.

• 무궁화가 손에 닿기만 해도 피부병이 생긴다는 소문을 퍼트려서 사람들이 무궁화를 멀리하게 만들었다.

• 우리나라에서 점점 무궁화나무가 사라졌고 무궁화를 보기 힘들어졌다.

■ 무궁화는 우리나라를 나타내는 아름답고 소중한 꽃이기 때문에 다시 우리나라 곳곳에 무궁화를 심는 운동이 시작되었어요. 신문기사를 읽어 줄게요.

• 나라사랑운동의 일환으로 한국농어촌공사는 2010년부터 무궁화 심기 운동을 실시한다. 앞으로 1만 2,000여 그루의 무궁화나무를 전국에 심을 예정이다.

■ 우리나라를 나타내는 꽃인 무궁화를 위해 우리가 할 수 있는 일은 무엇일까요?

• 무궁화를 사랑하고 보살핀다.

• 무궁화를 소중하게 생각한다.

• 무궁화를 심는 일에 참여한다.

• 무궁화를 볼 때 우리나라를 생각한다.

관련활동

■ 노래 '애국가' (138쪽 참고)

■ 이야기나누기 '우리나라를 나타내는 것들 − 태극기' (128쪽 참고)

■ 이야기나누기 '우리나라를 나타내는 것들 − 국민의례' (136쪽 참고)

상징

집단형태

자유선택활동

활동유형

사회

활동자료

달력, 세종대왕 사진 자료(예: 엽서, 백과사전 등), 훈민정음 글자본, 한글과 한자를 비교할 수 있는 글자카드, 여러 나라의 글자카드

유 치 원	幼 稚 園
대한민국	大 韓 民 國
이 화	梨 花

한글과 한자를 비교할 수 있는
글자카드의 예

TIP 본 활동 이전에 세종대왕의 이야기가 담긴 동화를 들려준다.

활동목표

- 한글은 우리나라 고유의 글자임을 안다.
- 한글의 유래를 안다.
- 한글을 소중히 여기고 바르게 사용하는 태도를 기른다.

활동방법

○ 달력을 보면서 10월 9일이 어떤 날인지 알아본다. **T**IP

- 10월 9일이 무슨 날일까요?
  - 한글날
- 한글날은 어떤 날인가요?
  - 세종대왕께서 한글을 만드신 것을 기념하고 감사하는 날이다.

○ 한글의 유래에 대해 이야기 나눈다.

- 글자는 어떤 때 쓰나요?
  - 먼 곳에 있는 사람에게 편지를 쓸 때 사용한다.
  - 자신의 생각이나 알고 있는 사실을 쓸 때 사용한다.
  - 생각한 것을 전하거나 남겨 놓기 위하여 사용한다.
- 세종대왕께서 한글을 만드시기 전까지 중국의 글자인 한자를 가져다 썼어요.
- 하지만 한자는 읽고 쓰기가 쉽지 않았어요.
- 세종대왕은 백성들이 한자 쓰기를 어려워하는 것을 보고 쉽게 쓸 수 있는 글자를 만드셨어요. 그것이 바로 우리가 현재 쓰고 있는 한글(훈민정음)이에요.

○ 한글에 대해 가져야 할 마음가짐과 태도에 대해 이야기 나눈다.

- 혹시 한자나 한글 이외에 다른 나라 글자를 본 사람 있나요?
  - 영어, 일본어, 독일어, 프랑스어, 아랍어 등
- 여러 나라의 글자들이 있으나, 세계 여러 나라 중에서 자기 나라만의 글을 가진 나라는 많지 않아요.
- 한글에 대해 어떤 마음을 가져야 할까요?
  - 우리나라 언어이므로 자랑스럽게 생각하고 소중하게 여긴다.
- 어떻게 하면 한글을 소중히 사용할 수 있을까요?
  - 한글 바르게 쓰기

- 나쁜 말 사용하지 않기
- 한글을 아끼고 열심히 사용하기

관련활동

- 수학 '자음 · 모음 분류하기'(149쪽 참고)
- 신체(체육) '몸으로 글자 만들기'(144쪽 참고)
- 조형 영역 '문자도 만들기'(146쪽 참고)
- 언어 영역 '글자 바르게 쓰는 순서'(147쪽 참고)

상징

몸으로 글자 만들기

집단형태
중집단활동 (약 15명)

활동유형
신체(체육)

활동자료
글자카드(자음, 모음, 낱글자가
각각 적힌 A6 크기의 종이)

활동목표

■ 글자의 형태를 인식한다.

■ 몸으로 글자의 형태를 표현한다.

■ 친구와 협력하는 태도를 기른다.

활동방법

○ 교사(유아)가 나타내는 동작을 보고 어떤 글자를 나타내는 것인지 이야기 나눈다.

■ 선생님의 동작을 보고 어떤 모양처럼 보이는지 말해 주세요.

• 동그라미

■ 한글 중 무엇과 비슷한 모양인가요?

• ㅇ(이응)

■ 앞에 나와서 글자를 몸으로 표현해 볼 수 있는 사람이 있나요?

■ ○○가 앞에 나와서 몸으로 보여주세요. 다른 사람들은 ○○가 하는 것을 보고 어떤 글자를 나타내는 것인지 맞춰 주세요.

○ 글자카드(자음·모음)를 보며 몸을 이용하여 다양한 방법으로 글자를 만들어 본다.

■ 이것은 어떤 글자인가요?

■ 앞에 나와서 'ㄱ'을 몸으로 보여줄 수 있는 사람이 있나요?

• 선 채로 허리를 숙여 표현한다.

■ ○○이 보여준 방법 말고 다른 방법으로 'ㄱ'을 나타낼 수 있을까요? 어떻게 하면 좋을까요?

• 바닥에 다리를 직각으로 벌리고 상체를 한쪽으로 기울여 표현한다.

• 두 사람이 직각으로 누어 표현한다.

■ 이번에는 다른 글자를 몸으로 나타내 봅시다. 여기에 적혀 있는 글자를 함께 읽어 보아요.

• 예 : 사

■ 이 글자를 몸으로 어떻게 만들 수 있을까요? 몇 명이서 만들면 좋을까요? 앞에 나와서 보여주세요.

○ 2~4명씩 모둠을 나누어 글자카드(받침이 없는 낱자)를 보고 여러 명이 함께 글자를 만들어 본다.

'ㅅ' 만들기

'ㅂ' 만들기

■ ○ 명씩 바닥에 모여 앉으세요. 이제 선생님이 보여주는 글자를 보고 같은 모둠의 친구들과 상의하여 몸으로 글자를 나타내 보세요.

○ 유아들이 몸으로 만든 글자를 보고 평가한다.

■ 첫 번째 모둠 어린이들이 만들 글자에요. 어떤 글자 같나요?

• 예 : 저

■ '저' 자 처럼 보이나요? 만약 그렇지 않다면 어디를 고치면 좋을까요?

■ 두 번째(세 번째) 모둠 어린이들이 만든 글자도 살펴봅시다. 어떤 글자 같나요?

• 예 : 고(리)

■ 우리가 몸으로 만든 글자들은 '저고리' 라는 단어가 되었어요.

○ 교사가 준비한 단어 이외에도 유아들이 만들어 보고 싶은 단어가 있는지 이야기를 나누어 2차 활동을 진행한다.

확장활동

■ 유아들이 만든 몸 글자 사진을 언어 영역 벽면에 게시하거나 수학 · 조작 교구로 활용할 수 있다. 이를 활용하여 이름 책을 만들어 본다.

관련활동

■ 사회 '한글날' (142쪽 참고)

■ 수학 '자음 · 모음 분류하기' (149쪽 참고)

■ 언어 영역 '글자 바르게 쓰는 순서' (147쪽 참고)

■ 조형 영역 '문자도 만들기' (146쪽 참고)

상징

몸 글자로 만든 이름 책

집단형태
자유선택활동

활동유형
조형 영역

활동자료
문자도 그림 및 실물 자료, 한지, 붓펜, 사인펜, 색연필, 크레파스

'문자도 만들기' 작업 준비

Ⅱ 유아들이 문자도를 감상할 수 있도록 언어 영역에 문자도와 관련된 그림책이나 작품집을 비치하거나 조형 영역 벽면에 문자도 작품을 게시한다.

활동목표

■ 문자도의 의미를 안다.

■ 문자도의 아름다움을 감상하며 심미감을 기른다.

활동방법

○ 문자도를 감상하며 문자도의 의미에 대해 이야기 나눈다. **Ⅱ**

■ 그림에 무엇이 있나요?

• 한자 안에 꽃, 거북이, 용, 새 그림이 그려져 있다.

■ 이러한 작품을 '문자도' 라고 해요. '문자' 는 글자라는 뜻이고 '도' 는 그림이라는 뜻이에요. 문자도는 한자를 쓰고 그 뜻을 그림으로도 그려 장식한 거예요.

■ 옛날 사람들은 바람을 막거나 장식용으로 방 안에 치는 물건인 병풍에 문자도를 그려 집 안을 장식했어요. 또 특별히 자신이 바라는 바나 반드시 지키고 싶은 점을 잊지 않기 위해 그것을 문자도로 그린 후 벽에 걸어 놓고 생각했다고 해요.

○ 문자도를 그릴 것임을 소개하고 무엇에 대해 그릴지 의논한다.

■ ○○○반 어린이들도 문자도를 만들어 봅시다.

■ 한자를 읽고 쓰기 어렵기 때문에 우리나라 글자인 한글로 문자도를 그려 봅시다.

■ 자기가 쓰고 싶은 단어를 쓰고, 그 단어를 뜻하는 그림을 그려 장식해 보세요.

■ 한지에 붓펜으로 글자를 쓰고 색깔펜으로 그림을 그리세요.

○ 완성된 문자도는 유아들과 의논하여 교실에 전시한다.

'문자도 그리기' 전시

문자도 그리기

관련활동

■ 이야기나누기 '민화 감상하기' (112쪽 참고)

■ 신체(체육) '몸으로 글자 만들기' (144쪽 참고)

■ 언어 영역 '글자 바르게 쓰는 순서' (147쪽 참고)

■ 수학 '자음·모음 분류하기' (149쪽 참고)

활동 10 글자 바르게 쓰는 순서

활동목표

- 글자를 쓰는 순서가 있음을 안다.
- 바른 획순을 알고 익힌다.

활동방법

○ 획순의 의미와 획순을 지켜야 하는 이유에 대해 이야기한다.

- 글자를 바르게 쓰기 위해 지켜야 하는 약속이 있어요.
- 한글에는 글자를 쓰는 순서가 정해져 있어요. 이것을 어려운 말로 '획순'이라고 해요. 순서를 지켜서 글자를 써야 바르고 보기 좋게 쓸 수 있어요.

○ 글자를 쓰는 방향에 대해 이야기한다.

- (종이를 보여주며) 종이에 두 개의 점이 있어요. 왼쪽에 있는 빨간점에서 오른쪽에 있는 파란점으로 선을 그어 봅시다.
- (종이를 보여주며) 이번에는 위에 있는 빨간점에서 아래 있는 파란점으로 선을 그어 봅시다.
- 이렇게 글자를 쓸 때는 왼쪽에서 오른쪽으로, 위에서 아래로 써야 해요.

○ 글자를 바르게 쓰는 순서를 알아본다.

- (글자카드를 보여주며) 어떤 글자가 적혀 있나요?
  - 'ㅁ'
- 무엇을 제일 먼저 써야 할까요? 그 다음에는 무엇을 써야 할까요? 선생님이 칠판에 쓰는 동안 잘 보면서 손가락으로 함께 써 봅시다.
  - ㅁ : [|] → [ㅡ] → [|] → [ㅡ]
- (단어카드를 보여주며) 어떤 단어가 적혀 있나요?
  - 눈
- 무엇을 제일 먼저 써야 할까요? 그 다음에는 무엇을 써야 할까요? 누가 나와서 칠판에 써 줄 수 있나요?
  - 눈: [|] → [ㅡ] → [ㅡ] → [|] → [|] → [ㅡ]
- 이번에는 선생님이 글자 쓰는 것을 보면서 순서를 지키지 않은 부분을 찾아보세요.
  - ㅂ: [|] → [ㅡ] → [|] → [ㅡ]

집단형태
자유선택활동

활동유형
언어 영역

활동자료
빨간색 · 파란색 점이 그려진 종이, 글자카드(자음별, 모음별), 기록용구(화이트보드과 보드마카펜 또는 조각종이와 필기구)

T IP 코팅지에 글자의 획순 방향으로 칼집을 낸 교구를 제작하여 언어 영역에 비치한다. 유아들이 촉감을 통해 획순을 알 수 있다.

■ 어떤 부분을 잘못 썼나요?

　• 두 번째와 세 번째 획순이 바뀌었다.

○ '우리나라' 생활주제에 관한 단어의 바른 획순이 적힌 단어카드를 언어 영역에 게시하고 화이트보드나 조각종이를 내 주어 자유롭게 써 볼 수 있게 한다. **T** IP

유의점

■ 획순을 지나치게 강조하면 유아들이 글자 쓰는 것에 두려움이나 거부감을 가질 수 있으므로 처음에는 획순을 소개해 주는 수준에서 활동을 전개하고 유아들이 자발적으로 글자를 쓰는 상황 속에서 개별적으로 지도하도록 한다. 또한 주의 집중, 전이 시간 등을 활용해 순서에 맞춰 글자쓰기, 순서 지키지 않은 부분 찾아내기 등을 반복적으로 실시하여 자연스럽게 획순을 익히도록 한다.

관련활동

■ 사회 '한글날' (142쪽 참고)

■ 수학 '자음 · 모음 분류하기' (149쪽 참고)

■ 신체(체육) '몸으로 글자 만들기' (144쪽 참고)

■ 조형 영역 '문자도 만들기' (146쪽 참고)

자음 · 모음 분류하기

상징

활동목표

- 한글의 구성 원리를 안다.
- 1부터 10까지의 수를 센다.
- 기준에 따라 사물을 분류하는 능력을 기른다.

활동방법

○ 한글의 자음 · 모음에 대하여 알아본다.
- (게시판에 '진달래' 글자를 쓴 후) 선생님이 어떤 글자를 적었나요? 다 같이 읽어 봅시다.
  - 예 : 진달래

○ 낱말을 읽어 보며 음운의 구성에 대해 알아본다.
- 이 글자를 만들기 위해서는 'ㅈ ㅣ ㄴ ㄷ ㅏ ㄹ ㄹ ㅐ'와 같은 조각이 필요해요.
- 글자를 이루고 있는 작은 단위들을 '음운'이라고 불러요.
- 여기 있는 음운을 합해서 또 어떤 글자를 만들 수 있을까요?
  - ㅈ 과 ㅏ 합하여 '자'
  - ㄴ 과 ㅐ 합하여 '내'
  - ㄷ 과 ㅣ, ㄹ 합하여 '딜'

○ 자음과 모음을 분류해 본다.
- ㅈ과 ㄴ을 합해서 글자를 만들 수 있을까요?
- 글자가 만들어지게 위해서는 'ㄱㄴㄷㄹㅁㅂㅅㅇㅈㅊㅋㅌㅍㅎ'와 같은 자음과 'ㅏㅑㅓㅕㅗㅛㅜㅡㅣ'와 같은 모음이 합해져야 해요.
- 자음 · 모음이 몇 개인지 같이 세어 보자.

○ 특정 낱말에서 자음 · 모음을 분류해 본다.
- ○○의 이름에서 자음과 모음을 찾아보자.
- '김이화'에서 자음을 찾아봅시다. 모두 몇 개인가요?
- 모음을 찾아봅시다. 모두 몇 개인가요?
- 또 누구의 이름에서 자음, 모음을 찾아볼까요?

○ 자음 · 모음을 결합해서 글자를 만들어 본다.
- 우리가 찾아본 자음과 모음을 합해서 또 다른 글자를 만들어 봅시다.

집단형태
대집단 활동

활동유형
수학 · 언어 영역

활동자료
기록용구(화이트보드, 보드마카펜), 음운 자석 자료

글자 만들기

○ 교사가 사용한 자음·모음 자료를 언어 영역에 내주어 방안놀이 시간에 놀이할 수 있도록 한다.

관련활동

- 사회 '한글날' (142쪽 참고)
- 신체(체육) '몸으로 글자 만들기' (144쪽 참고)
- 언어 영역 '글자 바르게 쓰는 순서' (147쪽 참고)
- 조형 영역 '문자도 만들기' (146쪽 참고)

5. 문화유산

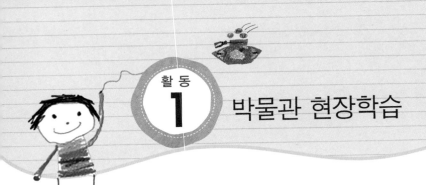

박물관 현장학습

집단형태
대집단활동

활동유형
사회

활동자료
박물관 안내 책자 및 박물관 소장품이 담긴 그림엽서, 신호악기, 유아 비상 연락처, 구급약품

🔵IP 1 교사가 박물관 사전 답사 시 찍은 사진이나 안내 책자, 그림엽서 등의 보조 자료를 활용한다.

활동목표

■ 박물관의 역할과 필요성을 안다.

■ 전통물건에 담긴 조상들의 지혜를 느낀다.

■ 공공장소에서 지켜야 할 약속을 알고 실천한다.

활동방법

○ 현장학습 장소의 목적에 대해 소개한다.

■ 오늘 어디에 가기로 했나요?

• 이화여자대학교 박물관

■ 박물관은 어떤 곳인가요?

• 많은 사람들이 볼 만한 가치가 있는 귀한 물건들을 모아서 오래도록 잘 보관하며 사람들에게 보여주는 곳

■ 왜 박물관으로 현장학습을 갈까요?

• 옛 조상들이 만든 물건과 그 속에 담긴 생각, 지혜를 보고 배울 수 있다.

○ 박물관에서 볼 수 있는 것들을 살펴본다. **🔵IP 1**

■ 박물관에 어떤 물건이 있나요?

• 조선시대 사람들이 입었던 옷과 장신구 등을 볼 수 있다.

• 비녀, 노리개 : 여자들이 자신을 아름답게 꾸미기 위해서 사용했다. 여러 가지 문양을 장식하여 가정이 화목하기를 바라는 마음을 표현했다.

• 예복, 평상복 : 옛날 사람들이 특별한 행사가 있을 때 입었던 옷과 평상시에 입었던 옷을 볼 수 있다.

• 목가구와 목공예품 : 남자(사랑채)와 여자(안방)가 생활했던 건물과 사용했던 물건이 전시되어 있다.

○ 현장학습 일정을 소개한다.

■ 박물관에는 전시관이 모두 ○개가 있어요. 그 중에서 우리들은 ○ 전시실과 ○ 전시실을 둘러볼 거예요.

■ 박물관에 계신 선생님이 박물관에 있는 물건에 대한 이야기를 들려주실 거예요. 이런 일을 하시는 분을 '도슨트'라고 해요.

○ 현장학습에 참여하는 바른 태도에 대하여 이야기를 나눈다.

■ 박물관에서는 어떤 태도로 관람을 해야 할까요?

　• 박물관은 우리뿐만 아니라 여러 사람이 전시를 관람하는 장소이다. 실내(방안)에서는 작은 소리도 크게 울려 다른 사람에게 방해가 된다. 조용하게 걷고 작은 소리로 이야기한다.

　• 박물관의 전시물이나 유리는 만지지 않고 눈으로만 본다.

　• 박물관에 있는 여러 가지 물건을 소개해 주는 도슨트의 이야기를 주의 깊게 듣는다.

○ 화장실에 다녀와서 줄을 선 후, 인원을 점검하고 현장학습 장소로 출발한다.

○ 계획한 순서대로 유아들과 함께 현장학습을 실행한다.

○ 현장학습이 끝나면 박물관 관계자(도슨트)께 감사의 인사를 드리고 유치원으로 돌아온다.

○ 박물관에 다녀온 느낌과 전시물을 감상한 것을 회상하며 이야기 나눈다. **TIP 2**

■ 박물관에서 무엇을 보았나요? 어떤 물건이 가장 기억에 남나요?

■ ○○은 언제 사용하는 물건인가요?

■ 어떻게 사용하는 물건인가요?

■ 요즘에도 ○○을 볼 수 있나요? 요즘에는 ○○을 대신해서 어떤 물건을 사용하나요?

유의점

■ 현장학습 전날 귀가 시간에 현장학습 일정을 간단히 소개하고 편안한 복장으로 등원할 것을 당부한다.

■ 박물관 측에 사전에(약 일주일 전) 현장학습 일정과 시간을 협의하며 공문을 작성하여 발송한다.

■ 교사는 현장학습 할 박물관을 미리 답사한다. 답사를 통해 유아들과 함께 볼 전시관 및 전시물을 결정한다. 박물관 도슨트가 전시물을 소개해 주는 경우 유아들과 관람할 전시관 및 전시물, 설명의 난이도 등에 대해 협의한다.

■ 교사는 유아들과 함께 볼 전시물들과 관련한 내용을 숙지하도록 한다. 박물관에 별도로 준비된 안내 책자 및 관련 서적들을 참고하여 유아들에게 설명해 줄 수 있도록 충분한 지식을 갖춘다.

■ 현장학습에 앞서 학부모로부터 현장학습 동의서를 받도록 한다.

■ 현장학습에 참여하는 유아 수는 교사 1인당 15명을 넘지 않도록 하며, 가능하면 학부모 자원봉사자나 보조교사 등이 현장학습에 동행하게 한다. 학급의 담임교사가 1명인 경우 유아들을 두 집단으로 나누어 2회에 걸쳐 현장학습을 실시한다. 이때 현장학습에 참여하지 않는 유아들은 유치원 내에서 다른 학급과 지내거나 보조교사와 함께 학급에서 다른 활동을 하도록 한다.

문화유산

TIP 2 유아들이 말하는 내용과 관련된 사진이나 그림 자료를 게시판에 붙여 가며 이야기를 진행한다. 교사는 전시물에 관한 시대적 배경, 유래 등을 유아들이 이해할 수 있도록 쉽고 간단히 설명해 준다.

박물관 현장학습

■ 학부모 자원봉사자를 현장학습에 참여하게 할 경우 일주일 전에 가정통신문을 보내 원하는 부모의 신청을 받는다. 현장학습 1~2일 전에는 상세한 일정과 조력 내용 및 방법을 전달한다.

확장활동

■ 박물관에 다녀온 후 박물관에서 본 것들을 그림으로 그려서 모은 뒤 학급의 책이나 신문으로 만들거나 벽면에 전시한다.

관련활동

■ 이야기나누기 '옛날 물건과 오늘날 물건' (30쪽 참조)

우리나라의 자랑거리 – 경복궁

활동목표

- 경복궁은 우리나라 궁궐 중 하나임을 안다.
- 경복궁에는 여러 건물이 있음을 안다.
- 경복궁의 아름다움을 느낀다.

활동방법

○ 경복궁을 소개한다.

- 경복궁에 가 본 적이 있나요?
- 경복궁이 어떤 곳인지 아나요?
  - 우리나라 조선시대 왕과 왕의 가족이 살던 궁궐의 이름이다.
  - 조선을 세운 왕인 태조 이성계가 경복궁을 만들었다.
  - 경복궁 안에는 출입문, 나랏일을 의논하는 곳, 왕과 왕비가 사는 곳, 신하들이 일하는 곳 등 여러 건물이 있다.

○ 홍례문의 사진을 보며 이야기한다.

- 경복궁에 들어가려면, 먼저 궁 안에 있는 첫 번째 문인 '홍례문'을 지나야 해요.
  - 홍례문의 '예' 글자는 숭례문의 '예' 글자와 같다. 예절, 예의라는 뜻을 가지고 있다.
  - 홍례문 앞에서는 문을 지키는 병사들이 교대를 하는 수문장 교대 의식이 이루어진다.

○ 근정전 사진을 보며 이야기를 나눈다.

- 홍례문을 지나면 '근정전'이라는 건물이 있어요. 근정전에 대해 알아봅시다.
  - 근정전은 경복궁 안에 있는 건물 중에서 가장 크기가 크다.
  - 왕이 신하들과 나랏일을 의논하는 곳이다.
  - 근정전 앞마당에서는 왕의 즉위식이나 결혼식, 외국에서 손님이 올 때 행사가 열렸다.
- 근정전 안에는 무엇이 있는지 살펴봅시다.
  - 왕이 앉는 자리 뒤편에는 '일월오악도' 병풍을 쳐 놓았다. '일월오악도'는 해, 달, 다섯 봉우리의 산을 그린 그림을 말한다.
  - 천정에는 발톱이 일곱 개인 용(칠조룡) 두 마리가 새겨져 있다.

집단형태
대집단활동

활동유형
이야기나누기

활동자료
교육 내용 관련 사진이 담긴 PPT 자료 **T**IP, 컴퓨터, 빔 프로젝터, 스크린

PPT 자료의 예

TIP 경복궁홈페이지(www.royalpalace.go.kr)에서 경복궁 안의 공간들에 대한 설명과 가상 체험을 할 수 있는 영상자료, 사진자료 등을 제공받을 수 있다.

왕궁 수문장 교대 의식 관람하기

경복궁 관람하기

• 신하들이 앉을 수 있는 자리가 있다.
■ 근정전을 둘러싼 난간에 무엇이 보이나요?
　• 십이지신과 사신 동물들의 조각상이 있다.
■ 근정전 마당에는 무엇이 있나요?
　• 비석이 줄지어 세워져 있다.
■ 신하들이 벼슬이 높고 낮음에 따라 줄을 설 수 있도록 자리를 표시해 주는 비석 (품계석)이 세워져 있어요.
○ 강녕전과 교태전 사진을 보며 이야기를 나눈다.
■ 강녕전은 임금님이 주무시거나 진지를 드시던 곳이에요.
　• 왕의 몸이 건강하고 마음이 편안하라는 뜻에서 붙인 이름이다.
■ 왕비가 생활하시던 곳은 교태전이라고 해요. 강녕정과 비슷한 모습으로 지어졌어요.
■ 강녕전과 교태전에는 각각 무엇이 있는지 살펴봅시다.
　• 왕과 왕비가 드셨던 진지상(수라상)이 있다.
　• 왕과 왕비가 주무셨던 잠자리(침전)가 있다.
　• 교태전 뒤 쪽에는 아름답게 꾸며진 정원(아미산)이 있다.
○ 경복궁에 대해서 궁금한 점이 있는 경우 인터넷, 책 등을 활용해 조사하고 조사 내용을 공유한다.

활동방법

■ 본 활동을 마치고 경복궁 현장학습을 다녀온다. 유아들이 흥례문 앞에서 진행되는 수문장 교대 의식을 관람할 수 있도록 시간을 확인하여 현장학습 일정을 계획한다. 현장학습을 다녀온 후에는 방안놀이 시간에 쌓기 놀이 영역에서 경복궁을 만들어 본다.

확장활동

■ 동화 '경복궁' (157쪽 참고)
■ 이야기나누기 '우리나라의 자랑거리 – 첨성대' (158쪽 참고)
■ 역할 놀이 영역 '문지기 놀이' ('동네와 지역사회' 생활주제 131쪽 참고)

활동목표

- 궁궐의 아름다움을 느낀다.
- 옛날 우리나라 왕의 생활에 관심을 갖는다.

활동방법

○ 우리나라의 옛날 집에 대해 이야기를 나눈다.
  - 선생님이 옛날 우리나라 사람들이 살았던 집의 그림을 준비했어요.
  - (초가집을 보여주며) 이 집의 이름은 무엇일까요?
  - 초가집엔 주로 누가 살았나요?
    - 농사를 짓는 사람들이 주로 살았다.
  - (기와집을 보여주며) 이 집의 이름은 무엇일까요?
  - 기와집에서는 누가 살았나요?
    - 옛날 우리나라 양반들이 살던 집이다. 양반은 나랏일을 하는 사람들을 말한다.
  - (궁궐을 보여주며) 이렇게 생긴 집도 있어요. 이 집이 어떤 집인지 알고 있나요?
  - 궁궐은 누가 살았던 집일까요?
    - 궁궐은 왕이 살았던 집이다.
  - 서울에 있는 궁궐 중에서 알고 있거나 직접 가 본 적이 있는 궁궐이 있나요?
    - 경복궁, 창덕궁, 덕수궁, 창경궁, 경희궁
  - 조선시대 왕들이 궁궐에서 어떻게 생활했는지 알아봅시다.
○ 동화를 들려준 후 왕의 생활에 관한 것 중 궁금한 점에 대해 이야기 나눈다.
  - 동화의 내용 중에서 궁금한 점이 있는 사람 있나요? **TIP**
    - 왕이 신하들과 하는 아침 조회 때는 어떤 일을 하는지 궁금하다.
  - 조회는 신하들이 왕께 인사를 드리는 자리예요. 정식으로 예를 갖추어 모든 신하들이 모이는 조회는 한 달에 4번 했다고 해요.
  - 더 궁금한 점에 대해 다 함께 조사해 봅시다.
○ 조사한 것을 글로 적거나 그림으로 그려 벽면에 게시한다.

관련활동

- 이야기나누기 '우리나라의 자랑거리 – 경복궁' (155쪽 참조)
- 이야기나누기 '여러 종류의 한옥' ('가족' 생활주제 121쪽 참조)

집단형태
대집단 활동

활동유형
동화

활동자료
경복궁에 관한 그림책 중 필요한 부분을 발췌해 만든 동화 자료. (예 : '경복궁에서의 왕의 하루', 청동말굽 글, 박동국 그림, 문학동네어린이 등)

TIP 동화에서 왕의 생활상을 의식주 별로 자세히 다루고 있다. 유아들과 더 알고 싶은 내용이 있을 경우 교사와 함께 조사한다.

활 동 4

우리나라의 자랑거리 – 첨성대

집단형태

대집단활동

활동유형

이야기나누기

활동자료

첨성대 전체 및 부분별 사진으로 제작한 PPT 자료 **⊤IP 1**

'첨성대' PPT 자료의 예

⊤IP 1 국가문화유산포털 홈페이지(http://www.heritage.go.kr)에서 첨성대에 대해 검색하면 관련 정보, 사진자료 등을 제공받을 수 있다.

⊤IP 2 유아들이 길이를 짐작할 수 있도록 30cm에 해당하는 물건을 보여 주거나 양팔의 간격을 벌려 보여준다.

활동목표

- 첨성대의 역할을 안다.
- 첨성대에 담긴 조상의 지혜를 느낀다.

활동방법

○ 첨성대의 역할에 대하여 이야기를 나눈다.

- 요즘 사람들은 하늘의 별이나 구름 등을 자세히 관찰하기 위해 어떻게 하나요?
  - 천체망원경으로 관찰한다.
  - 기상관측소에서는 컴퓨터를 이용해 관측한다.
- 왜 하늘의 모습을 관찰하나요?
  - 우주에 대해서 알 수 있다.
  - 앞으로의 날씨를 미리 알고 대비할 수 있다.
- 옛날 사람들도 하늘의 모습을 관찰했어요.
- 옛날 사람들은 하늘에 있는 별이나 구름이 움직이는 것을 보며 언제 농사를 지으면 좋을지 결정했다고 해요.

○ 첨성대의 모습을 탐색한다.

- 옛날 사람들이 만든 천문 관측대인 '첨성대'를 살펴봅시다.
- 첨성대는 어떻게 생겼나요?
  - 성처럼 생겼다.
  - 벽돌을 둥그런 모양으로 쌓았다. 높이 올라갈수록 점점 좁아지게 쌓았다.
  - 가운데 부분에 창문처럼 생긴 네모 모양의 문이 있다.
  - 제일 위에는 긴 돌이 놓여 있다.
- 첨성대는 30cm 높이의 벽돌 362개로 27단을 쌓아 만들었어요. **⊤IP 2**
- 첨성대에서 어떻게 하늘을 관측했을까요?
  - 사다리를 이용해 첨성대 중간 부분까지 올라간 뒤 창문을 통해서 첨성대 안으로 들어갔다.
  - 첨성대 안에 있는 사다리를 타고 끝까지 올라갔다.
  - 첨성대는 천정이 뚫려 있고 꼭대기에 네모 모양(우물정 모양)의 돌이 둘러져 있다. 이곳에 관측기구를 놓고 하늘을 관찰했다.

○ 첨성대의 역사적 가치에 대하여 소개한다.

　■ '첨성대'는 우리나라 신라시대 하늘을 관찰할 수 있도록 만든 것이에요.

　■ 망원경이나 컴퓨터와 같은 기계들이 없던 옛날에도 우리 조상들은 하늘을 관측하는 기구인 첨성대를 만들었어요.

　■ 첨성대는 국보로 지정되어 지금까지 잘 보존되고 있어요.

　■ 국보란 무엇일까요?

　　• 국보는 우리나라 옛 물건 중 귀한 물건임을 뜻하는 말이다.

　■ 첨성대는 동양에서 가장 오래된 천문 관측대라고 해요.

○ 첨성대에 대한 궁금한 점이 있는 경우 인터넷이나 책을 활용해 조사하고 조사 내용을 공유한다.

문화유산

유의점

　■ 첨성대의 역사적 배경이나 구체적인 명칭보다는 첨성대의 역할과 천문대를 만든 조상의 지혜를 느끼는 데에 중점을 두어 지도한다.

관련활동

　■ 쌓기 놀이 영역 '첨성대 쌓기' (160쪽 참조)

　■ 이야기나누기 '우리나라의 자랑거리 − 경복궁' (155쪽 참조)

집단형태
자유선택활동

활동유형
쌓기 놀이 영역

활동자료
다양한 종류의 블록(예 : 종이
벽돌블록, 유니트블록 등), 검
정색 천, 종이로 만든 별, 바
구니

활동목표

- 첨성대의 역할을 안다.
- 첨성대의 모습을 블록으로 구성한다.

활동방법

○ 첨성대를 어떻게 만들 것인지 계획한다.

- 첨성대는 어떤 곳이라고 했나요?
  - 우리나라 신라시대에 하늘을 관측할 수 있도록 만든 천문 관측기구
- 우리도 첨성대를 만들어 봐요.
- 첨성대는 어떻게 생겼나요?
  - 밑부분은 둥글고, 위로 올라갈수록 입구가 작아진다.
  - 사각형의 돌들을 쌓아 기둥처럼 만들었다.
  - 중간에 창문이 만들어져 있다.
- 무엇으로 만들까요?
  - 종이벽돌블록으로 만든다.
  - 재활용품(예 : 휴지갑, 상자 등)으로 만든다.
- 어떻게 만들까요?
  - 종이벽돌블록 동그랗게 둘러가며 첨성대를 쌓는다.
  - 첨성대 안에는 하늘을 관측할 수 있는 관측기기를 만든다.

○ 역할을 정하여 첨성대를 만든다. **T**IP

○ 첨성대 안에서 하늘을 관측하는 놀이를 한다.

○ 놀이를 마친 후 평가를 한다.

- 첨성대 놀이가 재미있었나요?
- 첨성대를 만들고 놀이하면서 불편한 점이 있었나요?
  - 실제 첨성대처럼 건물의 가운데 부분에 구멍을 만들었는데 그 안으로 들어가
    기가 어렵다.
  - 천문관측기기가 쓰러져서 첨성대 안에 어지럽게 놓여 있었다.
- 불편한 점을 어떻게 해결할 수 있을까요?
  - 우리가 만든 첨성대는 크기가 작으므로 가운데 구멍이 아닌 다른 곳으로 들

TIP 건축물을 구성한 후 며칠
에 걸쳐 놀이할 수 있도록 별도의
공간을 마련한다.

어가기로 한다. 문을 만든다.

- 바구니를 준비하여 필요할 때 천문관측기기를 꺼내어 쓴다.

■ 첨성대 놀이를 재미있게 하기 위해 다른 생각을 한 사람 있나요?

- 첨성대를 만든 곳 천장에 검은 천을 드리우고 종이로 별을 만들어 달면 별을 관측하는 놀이를 실감나게 할 수 있을 것이다.

○ 놀이 평가 내용을 바탕으로 건축물을 재구성한다.

관련활동

■ 이야기나누기 '우리나라의 자랑거리 − 첨성대' (158쪽 참고)

완성한 첨성대

아리랑 음악감상

집단형태
자유선택활동

활동유형
음률 영역

활동자료
녹음 자료(경기 아리랑, 정선 아리랑, 밀양 아리랑 **TIP**), 카세트테이프 플레이어

TIP 여러 종류의 아리랑 중에서 만 5세의 발달 수준을 고려하여 2~3개 아리랑을 선별하여 제시한다. 가장 널리 알려진 경기 아리랑과 3대 아리랑(정선, 밀양, 진도) 중에서 선택하는 것이 좋다.

활동목표
- 아리랑에는 여러 종류가 있음을 안다.
- 전통음악에 친숙해지고 관심을 갖는다.

활동방법
○ 아리랑(경기 아리랑)을 감상하고 소개한다.
- (노래를 들려준 후)이 노래를 들어본 적이 있나요? 언제 들어 보았나요? 이 노래의 제목이 무엇인지 알고 있나요?
- 옛날부터 사람들이 즐겨 불러오던 노래를 '민요'라고 해요. 이 노래의 제목은 '아리랑'이에요. 아리랑은 우리나라 사람들이 가장 좋아하고 지금까지도 즐겨 부르는 민요에요.
○ 민요의 특징에 대하여 이야기 나눈다.
- 민요는 요즘 우리가 부르는 노래와 다르게 노래를 만든 사람이 누구인지 알 수가 없어요. 또 노랫말이나 음표를 악보에 적어 두고 부르는 것이 아니라 사람들이 부르는 노래가 다른 사람들에게, 또 이웃 마을에 전해지는 노래에요. 그래서 누가 부르고 전해주느냐에 따라, 노랫말과 음이 조금씩 달라요.
- 우리가 들었던 아리랑도 마을에 따라 다른 노랫말과 멜로디로 불렀어요.
○ 여러 지역의 아리랑을 감상한다.
- 처음에 들어보았던 아리랑은 경기도 지역에서 많이 불렀던 노래에요. 다시 한 번 들어 봅시다.
- 어떤 느낌이 드나요?
- 어떤 노랫말이 있는지 들어 봤나요?
- 다른 마을에서 부른 아리랑을 두 곡 더 들려줄 거예요. 방금 들은 경기 아리랑과 느낌이 어떻게 다른지 잘 들어보세요.
- (노래를 들려준 후) 어떤 느낌이 드나요?
- 앞서 들려준 아리랑과는 느낌이 어떻게 다른가요?
○ 어린이들이 좋아하는 아리랑을 알아보고 재감상한다.
- 이 중에서 어떤 아리랑이 가장 좋은가요?
- 다시 한 번 들어 보세요.

유의점

- 유아들이 아리랑의 종류를 알고 지역을 구분하기보다는 여러 지역의 아리랑을 감상하고 친숙함을 느낄 수 있도록 한다.

관련활동

- 율동 '한삼춤' (78쪽 참고)

문화유산

오미자액 만들기

집단형태

대집단활동

활동유형

과학

활동자료

• 재료(약 25명 기준) : 오미
자 열매10kg, 설탕10kg
• 기구 : 항아리(깨끗하게 씻
어서 건조시킨 것), 계량컵,
저울, 국자
• 기타 : 일회용 위생장갑

활동목표

■ 오미자 열매의 속성(색깔, 생김새)을 안다.
■ 우리나라 전통음식에 관심을 갖는다.

활동방법

○ 오미자 열매를 소개한다.

■ (오미자 열매를 보여주며) 이런 열매를 본 적 있나요? 어떻게 생겼나요? 색깔은
어떤가요?
• 빨간색이다.
• 열매가 아주 작다.
• 나뭇가지에 열매가 여러 개 달려 있다.

■ 이 열매는 오미자라고 해요. '오미자' 라는 이름에는 뜻이 담겨 있어요.
• 다섯 가지 맛을 내는 열매라고 해서 오미자라고 부른다.

■ 다섯 가지 맛에 어떤 것들이 있을까요?
• 신맛, 쓴맛, 매운맛, 짠맛, 단맛

■ 오미자를 많이 먹으면 우리 몸을 건강하게 할 수 있어요. 오미자는 숨을 쉴 수
있게 하는 폐를 튼튼하게 해주고, 기침을 멈추게 하는 데 도움을 줘요.

○ 오미자액을 소개한다.

■ 오미자를 어떻게 먹을 수 있을까요?
• 열매를 씻어서 먹는다.
• 열매에서 나오는 과즙을 마신다.

■ 오미자 열매를 설탕과 섞어서 오랫동안 재어 놓으면, 오미자 열매의 즙이 설탕
과 섞이면서 오미자액이 만들어져요.

■ 오미자액을 바로 마시기에는 맛과 향이 진하기 때문에 차가운 물에 타서 마셔요.

○ 오미자액 만들기 활동을 소개한다.

■ 오미자 액을 만들어 봅시다.

■ 오늘 만든 오미자액이 다 재워지면 물에 타서 마실 거예요.

○ 준비된 재료들을 살펴본다.

■ 어떤 준비물들이 있나요?
• 큰 항아리, 오미자 열매, 설탕, 국자, 저울 등

오미자 열매 관찰하기

- 깨끗하게 씻은 항아리와 오미자 열매, 설탕이 준비되어 있어요. 오미자 열매와 설탕은 똑같이 10kg으로 준비했어요.

○ 오미자 열매와 설탕의 무게를 재어 항아리에 넣는다.
  - 오미자 열매와 설탕을 번갈아 가면서 항아리에 넣어 봅시다.
  - 오미자 열매와 설탕은 똑같은 양을 넣어야 해요.
  - 똑같은 양을 넣으려면 무엇을 사용해야 할까요?
    • 저울
  - 먼저 오미자 열매의 무게를 재어서 항아리에 넣을게요.
  - 오미자 열매의 무게가 몇인가요?
  - 다음에는 무엇을 넣어야 할까요?
    • 설탕
  - 설탕의 무게를 재어서 항아리에 넣어 봅시다. 설탕의 무게가 몇 이어야 하나요?
  - (저울 눈금을 함께 보며) 지금은 몇인가요?
  - 얼마나 더 넣어야 하나요?

○ 설탕막이를 한다.
  - 항아리 입구에 오미자 열매가 보이지 않도록 설탕으로 잘 막아 주어야 해요. 설탕으로 잘 막아 주어야 벌레가 들어가거나, 곰팡이가 슬지 않고 맛있게 잘 익을 수 있어요.
  - 설탕으로 항아리 입구를 잘 막는다고 해서 '설탕막이' 라고 불러요.

○ 달력을 보며 숙성 기간에 대해 안내한다.
  - 오미자액을 얼마나 오랫동안 설탕에 재워 놓아야 할까요? 다 함께 달력을 보면서 세어 봅시다.
  - (오미자액을 꺼낼 수 있는 날짜에 동그라미를 치며) 100일이 되는 이 날에는 오미자액을 꺼내서 맛을 볼 수 있어요.
  - 완성된 오미자액은 물에 타서 간식으로 먹을 거예요. **T**IP

유의점
  - 오미자액을 담그기 전에 오미자 열매를 깨끗하게 씻어서 물기가 없도록 잘 건조시킨다.
  - 완성된 오미자액은 서늘하고 시원한 곳에서 보관하여 변질되지 않도록 한다.
  - 오미자를 숙성시키는 동안에 항아리 내에 곰팡이나 벌레가 생기지 않았는지 살펴보고, 설탕이 고루 섞이는지 확인한다.

관련활동
  - 이야기나누기 '우리나라의 음식' (22쪽 참고)
  - 과학 '화채 만들기' ('여름' 생활주제 50쪽 참고)

문화유산

TIP 유아들과 함께 만든 오미자액은 다음 해 여름철에 동생들이 화채를 만들 때 사용할 수 있다.

부록

1. 주간교육계획안

만 5세 ○○○반 주간교육계획안 2000학년도 ○월 ○주	생활주제	우리나라	주제	이석주 생활 / 전통놀이 / 전통예술

목표: 옛날부터 전해 내려오는 전통적인 이석주 생활이 있음을 안다. / 우리나라 명절(추석)과 생활 풍습에 관심을 갖는다. / 옛날부터 전해 내려오는 전통놀이가 있음을 안다. / 다양한 종류의 전통예술에 관심을 갖는다.

활동 \ 요일·날짜	월(○일)	화(○일)	수(○일)	목(○일)	금(○일)	평가
자유선택활동 쌓기 놀이 영역	• 단청블록으로 옛날 집과 전통 가옥 만들기	• 자석블록으로 남대문 만들기 • 자석원목블록, 레고로 다양한 구성물 만들기			→	
역할 놀이 영역	• 옛날 부엌 놀이하기(가마솥, 아궁이, 옹이, 나무 주걱, 조리, 맷돌, 키 사용하여 놀이하기) • 아궁이에 음식 모형 넣어 요리하기				→	
언어 영역	• 우리나라 생활주제 관련 그림책(궁·색동저고리, 색동치마끈) • 우리나라 생활문화 호랑이) 읽기				→	
수학·조작 영역	• 우리나라 생활주제 관련 수화·조작 교구(남대문·기마·탈 조각그림 맞추기, 칠교놀이 등하기 • 남녀 한복 입히기 그룹 게임하기				→	
과학·컴퓨터 영역	• 블록렌즈, 오목렌즈로 물건 관찰하기 • 컴퓨터에서 가져온 솔방울·도토리 관찰하기 • 라이트 박스로 달의 모양 관찰하고 관련 책, 화보 보기				→	
조형 영역	• 한지 찢어 투명 아스테이트에 붙이기(트지에 붙이기)(공동 작업)	→	• 지점토로 떡 만들고 색칠하기			
음률 영역	• 국악기(장구, 소고, 북) 연주하기 • 배운 노래(서로, 기미슬이 누동) 부르며 타악기 연주하기 / 전통놀이(긴 줄넘기, 판제기, 사방가다) 저전거 타기[화·수·금 / 축구하기(월·목)					
실외 영역	• 마당: 조합놀이터, 모래놀이터, 대근육 기구에서 놀이하기 / 전통놀이[강강술래 놀이하기(화·수·금)]				→	
대·소집단활동 이야기나누기	• 옛날 물건과 오늘날 물건Ⅰ: 화덕, 솥	• 옛날 물건과 오늘날 물건Ⅱ: 갓, 염전 • ○○○반 어린이들이 더럽고 싶은 옛날 물건	• 옛날 물건과 오늘날 물건Ⅲ: ○○○반 어린이들이 알아보고 싶은 물건	• 팥죽으로선 선택 시기[ⓐ]이들 약속 • 추석Ⅰ - 추석의 의미 • 추석Ⅱ - 추석의 풍속		
동화·동극·동시	• 나무꾼과 호랑이(테이블)	• 동극 준비	• 나뭇꾼과 호랑이(동극)			
음악	• 시루떡 (새노래)			• 송편(새노래)	• 송편이 데굴데굴(그림)	
율동						
신체		• 선을 넘고 조롱박으로 물공이 떡 옮기기(게임)				
수학						
과학						
사회						
바깥 놀이		• 매실 건지기		• 소나무와 솔잎	• 송편 반죽 나누기	
간식	• 현미누룽지빵, 우유	• 우리밀핫케잌, 우유	• 약과, 매실차	• 전병, 유자	• 송편, 매실차	
급식	검은콩밥, 미역국, 쇠고기야채볶음, 전쟁치볶음, 깍두기, 김구이 / 사과	흑미밥, 유채장, 돈육볶음, 비름나물 김치, 김구이 / 배	잡곡밥, 콩나물국, 불고기, 고구마 순나물, 김치 / 수박	잡곡밥, 시금치된장국, 임연수 이, 세송이버섯조림, 깍두기 / 복숭아	찰현미밥, 모시조개다시마국, 닭튀김, 시금치나물, 김치 / 단감	
전이·주의집중	• 콩알옮기기	• 가라사대 놀이		• 전래동요 자리 바꾸기	• 맹꽁이 놀이	
귀가지도	실내화 가지런히 정리하기 / 입체 자긴 입적 일어 읽어나가기	귀가 후 안전한 장소에서 놀이하기 / 아침 식사하고 등원하기	• 내일은 팥죽동산에서 편히 복장하고 오기	• 내일은 송편을 빚을 것이므로 까지 늦지 않게 오기	• 내일은 팥죽동산에서 9시 까지 늦지 않게 오기 / • 추석연휴 잘 보내기 / • 그림책 가지고가기	
급식조력부모	• ○○○,○○○	• ○○○,○○○	• ○○○,○○○	• ○○○,○○○	• ○○○,○○○	
비고				※ 팥죽동산 선택 및 솔잎 따기 ※ 예배(○○○ 전도사님)	※ 그림책 반납 및 대출	

만 5세 ○○○ 반 주간교육계획안
20○○학년도 ○월 ○주

생활주제	우리나라	주제	이사주 생활 / 전통놀이 / 전통예술

목표
전통 이사주 생활에 관심을 갖는다. / 다양한 종류의 전통놀이 방법을 알고 생활 속에서 즐겨 한다. / 전통예술의 아름다움을 느낀다. /
전통 문화를 오늘의 생활 속에서 이어가는 태도를 갖는다.

활동 요일·날짜	월(○일)	화(○일)	수(○일)	목(○일)	금(○일)	평가
쌓기 놀이 영역			· 단청블록으로 옛날 집과 전통기와 만들기 · 자석벽돌블록, 레고로 다양한 구성물 만들기			
역할 놀이 영역			· 옛날 부엌 놀이하기(음식 모형으로 우리나라 전통음식 만들어 상차리기, 주인네 손님 역할 맡아 놀이하기 등)			
언어 영역			· 우리나라 생활주제 관련 그림책(한지놀이, 앙금앙금 개다린 밤 한 톨) 읽기 · 우리나라 관련 그림사전 만들기			
수학·조작 영역			· 우리나라 생활주제 관련 조자 교구탐색-기억 게임, 공기놀이 등하기 · 윷놀이 그룹 게임하기			
과학·컴퓨터 영역			· 라이트 박스로 닭의 모양 관찰하고 관련 책, 화보 보기 · 닭에 대해 궁금한 점 컴퓨터 검색으로 해결하기			
조형 영역			· 한복 꾸미기		· 색동 공판화	
음률 영역			· 국악기(장구, 소고, 북) 연주하기 · 국악기 소리(마듬, 단소, 훙) 감상하기(CD 플레이어, CD)			
실외 영역			· 마당: 조랑말놀이터, 모래놀이터, 대근육 기구에서 놀이하기 / 전통놀이(긴 줄넘기, 판 제기, 투호, 사방치기 등)하기, 자전거 타기(화·수·금 / 축구하기(월·목)			
이야기나누기			· 한복 입을 때 지켜야 할 약속 · 우리나라의 옷: 남녀 한복	· 우리나라의 옷II - 궁중의상과 민복	· 색동	
동화·동극·동시			· 강강술래 (새노래)		· 원숭이의 색동저고리(테이블)	
음악				· 강강술래 I	· 강강술래II	
율동						
신체			· 사방치기판 건너 편지치기 도돌이오기 (게임)			
수학						
과학				· 예배(○○○전도사님)		
사회				· 마당에서 강강술래하기		
바깥놀이						
간식			· 색편, 유유	· 찐쌀, 사과, 우유	· 유기농계란과자, 요구르트	
급식			· 밥/아침미역, 된장국, 쇠고기장조림, 숙주나물, 김치/포도	· 기장밥, 쇠고기우거지국, 오징어볶음, 연근조림, 깍두기, 김구이/사과	· 찹쌀리밥, 애호박된장찌개, 닭고기조림, 단호박튀김, 김치/메론	
전이·주의집중			· 조성보고 단어 읽어맞추기	· 패턴 보고 읽어맞추기	· 강강술래 노래 부르기	
귀가지도			· 형제, 자매와 사이좋게 지내기 · 귀가 후 그림책 한권씩 읽기	· 일찍 자고 일찍 일어나기 · 아침 먹고 유치원 오기	· 주말 건강하게 지내고 오기 · 그림책 가져가기	
급식조력부모			· ○○○, ○○○	· ○○○, ○○○	· ○○○, ○○○	
비고			※ 한복 입고 오는 날	※ 예배(○○○ 전도사님)	※ 그림책 반납 및 대출	
총평						

2. 일일교육계획안

학급명	○○○반 (만 5세)				
생활주제	우리나라	날 짜	20○○년 ○월 ○일 ○요일	수업일수	○○ / ○○○일
주 제	우리나라	주 제	의식주 생활 전통놀이 전통예술	소주제	의식주 생활의 특징 우리나라의 전통놀이의 특징 우리나라 전통예술의 아름다움

목 표 우리나라 전통 의복(한복)의 구성과 특징을 안다. / 다양한 종류의 전통놀이 방법을 알고 생활 속에서 즐거 한다. / 전통문화를 사랑하고 소중히 여기는 마음을 갖는다.

일일 시간표

9:00 ~ 등원 및 실내자유선택활동
9:10 ~ 계획하기 및 이야기나누기 '한복 입을 때 지켜야 할 약속'
9:20 ~ 실내자유선택활동
10:00 ~ 정리정돈 및 평가
10:10 ~ 간식 '생편1, 우유'
10:30 ~ 이야기나누기 '우리나라의 옷 I - 남녀 한복'
10:50 ~ 실외자유선택활동
11:40 ~ 노래 '강강술래'
12:00 ~ 점심식사
13:00 ~ 실내자유선택활동
13:25 ~ 게임 '사방치기 판 건너 판제기 치고 돌아오기' (유희실)
13:50 ~ 평가 및 귀가지도

시간 / 활동명	활동목표	활동내용	준비물 및 유의점	평가
9:00 ~ 등원 및 실내자유 선택활동	• 등원을 하여 해야 할 일을 알고 스스로 한다.	• 등원 및 인사나누기 　- 선생님께 바르게 인사하기 　- 출석 표시판에 출석 표시하기 　- 하고 싶은 놀이 3가지 계획하기 　- 언어, 수학 · 조작 놀이 영역에서 놀이하기 • 기본 생활습관 지도하기 　- 놀이 계획하고 실천하기, 자기 일을 스스로 하기, 실내화 바르게 신기, 실내에서 적당한 크기의 목소리로 이야기하기		

시간/활동명	활동 목표	활동 내용	준비물 및 유의점	평가
9:10~ 계획하기 및 이야기나누기 '한복 입을 때 지켜야 할 약속'	• 선생님, 친구들과 인사를 나누고 서로에게 관심을 가진다. • 하루 일과를 계획하여 기대감을 갖도록 한다.	◎ 계획하기 및 이야기나누기 '한복 입을 때 지켜야 할 약속' - 자리정돈 및 주의집중: ○○이 달라진 점 찾기 - 유아의 출·결석 확인하기 • 날짜 및 날씨 알아보기 - 오늘은 몇 월 며칠인가요? 무슨 요일인가요? - 오늘 날씨가 어떤가요? • 추석 지낸 경험 이야기나누기 - 추석 연휴 잘 보내고 왔나요? 어떻게 보냈나요? - 어떤 음식을 먹었나요? - 어떤 놀이를 하며 지냈나요? (유아 경험 듣기) • 그림 시간표 보며 일과 계획하기	• 유아 명단 • 달력, 날씨표시판, 그림 시간표	
	• 한복 입을 때 지켜야 할 약속을 안다. • 안전하게 생활하는 태도를 기른다.	① 조형: 한복 꾸미기 - (한복 천을 보여주며) 이것이 무엇인가요? (한복 천) - 원하는 색의 한복 천으로 나만의 한복을 만들어 볼 것임 - 한복 입은 사람 모양 본을 두꺼운 종이에 대고 연필을 따라 그린 후 가로로 오리기, 그 종이 위에 한복 천을 오려 붙이기, 머리와 얼굴 부분까지 꾸미기 - 완성된 작품은 조형영역 벽면에 전시할 예정임 〈이야기나누기 '한복 입을 때 지켜야 할 약속'〉 • 한복 입을 때 조심할 점에 대해 이야기하기 - 오늘부터 다음 주 화요일까지는 유치원에 한복을 입고 올 수 있음. 오늘 한복을 입고 유치원에 오니 어떤가요? - 한복을 입었을 때 어떤 점을 조심해야 할까요? (계단을 오르내리거나 걸어 다닐 때 치마를 밟지 않도록 주의하기, 한복천은 일반 옷보다 잘 미끄러우므로 이자에 비스듬히 앉을 경우 미끄러질 수 있음, 바르게 앉기 등) - 한복을 입고 마당놀이를 할 때에는 평소보다 조심해서 놀이하기. 한복을 입은 여자 어린이들은 종 한복이 타에 올라가지 않기 - 한복을 입고 지내다가 불편한 경우 여벌옷으로 갈아입을 수 있음		
9:20~ 실내자유선택활동	• 한복의 생김새와 명칭을 안다. • 한복의 아름다움을 알고 관심을 갖는다. • 전통가옥의 특징에 관심을 갖는다.	• 선택한 흥미영역에서 놀이하기 [조형] 한복 꾸미기 - 한복 입은 사람 모양 본을 종이에 대고 연필로 따라 그린 후, 가로로 오리기 - 원하는 한복 천을 오려 붙이기 - 머리와 얼굴 부분까지 꾸미기 [쌓기] 블록과 벗집으로 전통가옥 만들어 놀이하기 - 전통가옥의 특징 알기 - 어떤 형태의 가옥을 만들 것인지 구성하기 - 벗집을 블록에 붙여 전통가옥을 만든 후 놀이하기	• 조형: 한복 입은 사람 모양 본, 두꺼운 종이, 연필, 가위, 풀, 본드, 본드받침, 한지, 한복 천, 사인펜, 색연필 • 쌓기: 블록(유니트, 종이벽돌, 단형), 벗집, 스카치테이프	

시간 / 활동명	활동 목표	활동 내용	준비물 및 유의점	평가
	• 우리나라 옛날 부엌에 관심을 갖는다. • 우리나라 전통음식에 대해 알고 놀이에 활용한다.	[역할] 옛날 부엌 놀이하기 - 옛날 부엌 놀이를 하기 위해 필요한 물건 만들기 - 만든 물건을 활용하여 음식점 놀이하기 - 음식 주문하기, 음식 만들기, 계산하기 등 다양한 과정에 참여하기 - 준비한 소품을 역할에 맞는 놀이 영역에 진열하기 - 역할 정한 후 역할에 맞는 말, 동작하며 놀이하기	• 역할 : 우리나라 전통 음식 향, 그릇	
	• 글자에 관심을 갖는다. • 조각 그림을 활용하여 이야기를 구성한다.	[언어] ① '우리나라' 관련 그림책 읽기 ② '우리나라' 관련 그림 조각으로 그림사전 만들기	• 언어 : '우리나라' 관련 조각 그림 종이, 종이, 필기도구	
	• 우리나라 전통놀이에 관심을 가진다.	[수학·조작] '윷놀이' 게임하기 - 윷을 이하는 방법 알기 - 친구와 순서를 정하여 윷놀이하기	• 수학·조작 : 게임판, 주사위, 말, 게임판 보관함	
	• 닭의 모습에 관심을 갖는다.	[과학·컴퓨터] 라이트 박스로 닭의 모양 관찰하고 관련 책, 화보 보기 - 라이트 박스에 대해 이야기하기 - 라이트 박스에 닭의 모습이 담긴 OHP 용지 올린 후 관찰하기	• 과학·컴퓨터 : 닭 모습이 담긴 OHP 용지, 라이트 박스	
	• 우리나라 전통악기 소리에 관심을 가진다. • 우리나라 전통악기 연주 방법을 안다.	[음률] 국악기(장구, 소고, 북) 연주하기 - 전통악기의 생김새 및 소리 탐색하기 - 장구로 장단을 만들어 연주하기 - 배운 노래 부르며 타악기 연주하기	• 음률 : 국악기(장구, 소고, 북)	
10:00~ 정리정돈 및 놀이평가	• 자기가 가지고 놀았던 놀이감을 정리할 수 있다. • 친구를 도와줄 수 있다.	• 자기가 놀았던 영역부터 정리하기 • 다른 영역 정리 도와주기 • 놀이 평가하기 - 방안놀이 시간에 어떤 놀이를 하기로 계획했었나요? - 계획한 놀이를 모두 했나요? - 못했다면 왜 계획대로 놀이하지 못했나요? • 놀이 평가판에 표시하기 • 자신의 놀이 평가판을 찾아서 놀이하고 나 기본 표시하기	* 쌓기, 역할놀이영역은 5분 전에 미리 정리정돈 신호를 한다.	
10:10~ 간식 '색편1, 우유'	• 손을 깨끗이 씻는다. • 친구들의 간식을 준비하고 대접하며 책임감을 갖는다. • 다른 사람과 함께 간식을 먹을 때 지켜야 할 예절을 알고 실천한다.	◎ 간식 '색편1, 우유' - 화장실에서 손 씻고 자리에 앉기 - 간식 당번 간식 준비하기 - 오른쪽 방향으로 간식 그릇 전달하며 간식 담기 - 간식 먹고 잔반 정리하기 - 간식 당번이 간식 접시가 담긴 쟁반 간식차에 정리하기 - 간식을 먹은 후 언어, 수학·조작, 과학 영역에서 놀이하기	- 간식 준비 및 손 씻기 지도 : ㅇㅇㅇ 교사 - 책상별로 이름 부르기 : ㅇㅇㅇ 교사	
10:30~ 이야기 나누기 '우리나라 옷 I	• 우리나라 전통의복(한복)의 구성과 특징을 안다. • 한복의 아름다움을 느낀다.	◎ 이야기나누기 '우리나라 옷 I - 남녀 한복' - 자리정돈 및 주의집중 : 한복 정신구 자리 바꾸기 - 한복을 입은 느낌 이야기나누기 - 오늘은 무엇을 입고 유치원에 왔나요? (한복)	• 어린이용 남녀 한복, 다양한 한복 사진	

시간 / 활동명	활동 목표	활동 내용	준비물 및 유의점	평가
		• 남자 한복과 여자 한복의 다른 점 이야기하기 - 남자 한복과 여자 한복이 어떻게 다른가요? (여자는 저고리와 치마, 남자는 저고리와 바지를 입음. 여자 저고리에는 고름이 있고, 남자 저고리에는 단추가 있음. 여자 저고리는 남자 저고리보다 길이가 짧음) • 여자 한복에 대해 이야기하기 - 한복을 입을 때 처음으로 무엇을 입을까요? - 우리가 속옷을 입는 것처럼 한복을 입을 때에도 속옷(속바지, 속치마, 속저고리)을 먼저 입음 - 누가 나와서 여자 한복을 입어 볼 수 있을까요? - 한복을 입을 때에는 양말 대신 무엇을 신나요? (버선) - 버선의 모양을 살펴보자. 어떻게 생겼나요? (버선 가운데 볼록이 솟은 부분이 있음. 이 부분을 버선코 라고 함) - 버선을 신은 후 무엇을 입을까요? - 버선을 어떻게 입는 것일까요? (치마의 어깨끈 안으로 팔을 넣어 치마를 가슴에 둘러 묶음) - 치마를 입은 후에는 무엇을 입나요? (저고리) - 저고리의 모습을 살펴보자. 소매(깃) 부분이 어떻게 생겼나요? (소매의 밑 선이 둥그런(곡선) 모양) - 저고리의 앞섶이 열리지 않도록 하기 위해 저고리 양쪽에 달려 있는 끈을 묶어 고정함. 이 끈을 '고름 이라고 함. 고름을 보도록 하자. (교사가 보여주기) - 외출을 할 때, 외투와 같이 겉에 입는 옷이 있음. '두루마기' 라고 함 • 남자 한복에 대해 이야기하기 - 남자들이 입는 한복 바지예요. 어떻게 생겼나요? (바지폭이 넓고 끈으로 허리춤을 고정함, 바지 밑 을 접은 후 '대님' 이라는 끈으로 묶어 발목에 고정함) - 바지를 입은 후 무엇을 입나요? (저고리) - 남자 저고리와 여자 저고리는 어떤 점이 다른가요? (여자 저고리에는 고름이 있고 남자 저고리에는 단추가 있다, 남자 저고리 길이가 여자 저고리보다 더 길다) - 남자들은 저고리 위에 조끼(감이 생긴 '배자'를 입음) - 외출을 할 때는, 여자와 마찬가지로 외투와 같은 역할을 하는 '두루마기' 를 입음 • 앉으로 할 활동에 대해 안내하기 - 오늘 우리가 직접 입어본 한복들을 역할 놀이 영역에 내어줄 것임. 놀이 할 때 사용해 볼 것임 - 내일 공예서 입었던 옷과 일반 사람들이 입었던 옷에 대해 알아볼 것임 - 집에서 관련 내용들을 조사해 와도 좋겠음	* 한복을 입은 내 유아들을 앞 에 나오게 하여 입어보거나, 한 복 사진을 보면서 비교할 수 있다. * 한복을 입은 유아를 앉으로 나 오게 하여 각 부분을 살펴보거 나, 한복을 입지 않은 유아 중 한복을 입어 보고 싶은 유아를 나오게 하여 옷을 입혀 가면서 이야기를 나눈다.	
10:50~ 실외자유선택활동	• 놀이기구를 안전하게 사용한다. • 실외놀이 규칙을 지키며 놀이 한다.	◎ 실외자유선택활동 • 운동장 두 바퀴 달리고 팔 벌려 10번 뛰기 • 실외자유선택활동하기 [조합놀이터] 줄 잡고 올라가기, 미끄럼틀, 그물 흔들다리 등 [모래놀이터] 모래놀이(용구로 산, 강, 창길 만들기 [대형 전통놀이(긴 줄넘기, 판 제기, 투호, 사방치기 등하기) [대근육기] 그네타기, 네스팅브릿지에서 놀이하기 [소꿉놀이방] 소꿉놀이하기, 음식 만들고 차려서 놀이하기	* 유아들이 안전하게 놀이할 수 있도록 지도한다.	

시간 / 활동명	활동 목 표	활 동 내 용	준비물 및 유의점	평가
11:40~ 노래 '강강술래'	• 강강술래의 유래를 안다. • 전통 문화에 친숙해지고 관심을 가진다.	◎ 노래 '강강술래' • 자리정돈 및 주의집중 : 초성 보고 글자 알아맞히기 (한복, 추석) • 강강술래에 대해 소개하기 - (강강술래 하는 사진을 보며) 무엇을 하는 모습인가요? - 어떤 춤인지 알고 있나요? (강강술래) - 강강술래 춤을 본 적 있나요? 어떻게 추는 춤인가요? (보름달이 뜨는 날 밤 여자들이 모여서 추는 춤, 춤을 출 때 강강술래 노래를 부름) • 그림 자료를 활용하여 강강술래의 유래에 대해 이야기하기 - 강강술래는 옛날부터 전해 내려오는 춤. 이 춤이 어떻게 시작되었는지 이야기를 잘 들어보자 • 강강술래 영상 자료 감상하기 - 사람들이 어떻게 춤을 추는지 잘 살펴보고, 춤을 추면서 부르는 노래도 잘 들어보자 • 노래 자료를 활용하며 노랫말 익히기 - 어떤 노랫말이 들렸나요? - 노래를 들으니 어떤 장면이 떠오르나요? • 교사와 유아가 나누어 부르고 바꾸어 부르기 • 다 함께 노래 부르기	- 강강술래 사진 및 영상 자료, 강강술래 유래에 대한 그림 자료, 노랫말 자료, 컴퓨터, 스크린, 빔프로젝터, 레이저포인터	
12:00~ 점심식사 '발아현미밥, 된장국, 쇠고기장조림, 숙주나물, 김치 / 포도'	• 급식 방법과 정리 방법을 알고 실천한다. • 음식을 골고루 먹는 습관을 기른다. • 바른 태도로 음식을 먹는 습관을 기른다.	◎ 점심식사 '발아현미밥, 된장국, 쇠고기장조림, 숙주나물, 김치 / 포도' • 화장실에서 손을 씻기 • 자리에 가서 앉기 • 배식대 앞에 줄서기 (책상별로) • 배식대에서 식판에 밥, 반찬을 받은 후 자리에 가서 앉기 - 감사 인사드리기 - 책상 위에 놓여 있는 수저, 물컵 챙긴 후 밥을 먹을 수 있도록 준비하기 - 기도하며 식사하기 - 나눠주시는 국 받기 - 즐겁게 식사하기 - 골고루 먹기 - 더 먹고 싶은 반찬이 있을 경우 손들기 - 이를 다 먹고 난 후 이 닦기 표시판에 표시하기 • 후식 먹기 • 정리하기 • 양치하기 - 수하 · 조작 놀이 영역, 언어 영역, 과학 영역에서 놀이하기	- 배식대 준비 및 점심식사 세팅 : ○○○ 교사, 급식조력부모(○○○, ○○○) - 배식 : ○○○ 교사(국), 급식조력부모(밥, 반찬) - 배식 전후 자리 정돈 및 식사 준비 지도 : ○○○ 교사 * 유아들이 식사하는 모습을 잔 참하고 바른 태도로 골고루 음식을 섭취할 수 있도록 지도한다. - 급식차 및 배식대 정리 : 급식조력부모(○○○, ○○○)	
13:00~ 실내자유선택활동	• 친구와 사이좋게 지낸다.	◎ 실내자유선택활동 • 하고 싶은 놀이를 선택하여 놀이하고 실천, 평가하기	* 쌓기놀이와 역할놀이는 제한한다.	

시간 / 활동명	활동목표	활동내용	준비물 및 유의점	평가
13:25~ 게임 '사방치기판 건너 편제기 치고 돌아오기' (유희실)	• 사방치기의 놀이 방법을 알고 익힌다. • 편제기 치기 놀이 방법을 알고 익힌다. • 게임의 규칙을 알고 지킨다.	◎ 게임 '사방치기판 건너 편제기 치고 돌아오기' (유희실) • 자리정돈 및 주의집중 : 북 소리에 맞추어 크게, 작게 걷기 • 사방치기와 편제기 치기 놀이 방법 회상하기 - 우리 앞에 놓인 놀이기구로 어떤 놀이를 할 수 있나요? (사방치기, 편제기 치기) - 사방치기는 어떻게 하는 놀이인가요? - 누가 나와서 친구들에게 사방 치기하는 모습을 보여줄 수 있나요? - 사방치기를 할 때는 어떤 약속을 지켜야 하나요? (선을 밟지 않기, 한 칸을 한 발로 딛기) - 편제기 치기는 어떻게 하는 놀이인가요? - 누가 나와서 친구들에게 편제기 치는 모습을 보여줄 수 있나요? - 편제기 치기 놀이를 할 때 어떤 약속을 지켜야 하나요? (제기를 가슴보다 높이 올라가도록 치기) • 게임방법 소개하기 - 사방치기판을 건너 편제기를 2번 치고 돌아오는 게임을 할 것임 - 사방치기판을 건너 갈 때는 돌을 던지 않고 1단계부터 8단계까지 순서대로 건널 것임. 이후 편제기 있는 곳으로 달려가서 제기를 2번 친 후 출발점으로 돌아오는 게임임 - 게임을 할 때 어떤 규칙을 지켜야 할까요? (사방치기판의 선을 밟거나 틀린 방법으로 디뎠을 때에는 처음부터 다시 건너기, 제기가 땅에 떨어지면 주워서 다시 치기, 떨어지기 전 세었던 숫자부터 다시 세기) • 교사와 유아가 시범 보이기 • 평가 방법 소개하기 - 규칙을 지키고 먼저 들어온 사람이 숙한 편에게 고리를 한 개 걸어 줄 것임 • 게임하기 • 평가하기 • 2차 게임 하고 평가하기	- 사방치기판 2개, 제기판 2개, 제기 2개, 평가 자료	
13:50~ 평가 및 귀가지도	• 유치원에서의 하루 일과를 회상해 본다. • 귀가 전에 해야 할 일을 알고 실천한다.	• 하루 일과 평가하기 - ○○○ 반에서 지내면서 즐거웠던 점 이야기하기 - ○○○ 반에서 지내면서 속상하거나 불편했던 점 이야기하기 • 한복을 입고 지낸 경험 이야기나누기 - 한복을 입고 생활해보니 어떠했나요? - 집에 한복이 없는 경우, 유치원 역할놀이영역에 한복이 준비되어 있으니 유치원에 와서 입어도 좋겠음 • 출석 이름표 / 놀이 계획 표 정리하기 • 실내화 바르게 정리하기 • 바르게 인사하고 가기	- 귀가준비지도 : ○○○ 교사 - 귀가장소로 유아 인솔 : ○○○ 교사	
비고	※ 한복 입고 오는 날			
총평				

참고문헌

경복궁(2008). www.royalpalace.go.kr.

국가문화유산포털(2008). 국가문화유산포털. www.heritage.go.kr

김진영(2009). 김진영 동요집. 교문사.

윤열수(2000). 민화 I - Korean art book 6. 예경.

윤열수(2000). 민화 II - Korean art book 7. 예경.

이기숙·김희진·이경미·이순영(1998). 유아를 위한 소비자교육 프로그램. 양서원.

이은화·김순세(1973). 어린이 춤곡. 형설출판사.

이화여자대학교 사범대학 부속 이화유치원(1970). 노래동산.

이화여자대학교 사범대학 부속 이화유치원(1987). 유아를 위한 즐거운 놀이.

이화여자대학교 사범대학 부속 이화유치원(1995). 3, 4, 5세 어린이를 위한 유치원 교육과정 운영의 실제.
⑨ 우리나라. 교문사.

한국전통소리문화(2008). 전라북도 한국전통소리문화. www.koreamusic.org.

청동말굽·박동국(2003). 경복궁에서의 왕의 하루. 문학동네어린이.

최상구(2010, 4, 14). 농어촌공사, 무궁화 심기 운동 전개. 농민신문.

자료출처: http://www.nongmin.com/article/ar_detail.htm?ar_id=173481&subMenu=dsearch&key=무궁화%20심기%20운동

자료검색: 2010년 10월 20일 검색.

저자소개

홍용희 이화여자대학교 사범대학 부속이화유치원 원장
이화여자대학교 사범대학 유아교육과 교수

오지영 이화여자대학교 사범대학 부속이화유치원 원감

강경미 현 이화여자대학교 사범대학 부속이화유치원 교사

강지영 전 이화여자대학교 사범대학 부속이화유치원 교사

곽진이 전 이화여자대학교 사범대학 부속이화유치원 교사

김혜전 전 이화여자대학교 사범대학 부속이화유치원 교사

이누리 전 이화여자대학교 사범대학 부속이화유치원 교사

전우용 전 이화여자대학교 사범대학 부속이화유치원 교사

이화유치원

교육과정 운영의 실제

만 5세 ❾ 우리나라

2012년 4월 2일 초판 인쇄
2012년 4월 10일 초판 발행

지은이 이화여자대학교 사범대학 부속이화유치원
펴낸이 류제동
펴낸곳 (주)교 문 사

책임편집 김선형
본문디자인 아트미디어
표지디자인 이수미
제작 김선형
영업 정용섭·이진석·송기윤

출력 아트미디어
인쇄 동화인쇄
제본 한진제본

우편번호 413-756
주소 경기도 파주시 교하읍 문발리 출판문화정보산업단지 536-2
전화 031-955-6111(代)
팩스 031-955-0955
등록 1960. 10. 28. 제406-2006-000035호

홈페이지 www.kyomunsa.co.kr
E-mail webmaster@kyomunsa.co.kr
ISBN 978-89-363-1225-1 (93370)
ISBN 978-89-363-1141-4 (93370) 전 36권

값 17,000원